EL RACISMO
EN LA IGLESIA

MATA LA
RAÍZ

DESTRUYE EL
ÁRBOL

KENNETH
COPELAND

JESÚS ES EL SEÑOR

PUBLICACIONES
KENNETH
COPELAND

El racismo en la iglesia:
Mata la raíz, destruye el árbol

Racism in the Church
Kill the Root, Destroy the Tree

ISBN 978-1-60463-338-2   30-0080S

21 20 19 18 17 16   6 5 4 3 2 1

© 2016 Kenneth Copeland

© 2016 Kenneth Copeland

Publicaciones Kenneth Copeland

Fort Worth, TX 76192-0001

Para obtener más información acerca de los Ministerios Kenneth Copeland, visita es.kcm.org, o llama al 1-800-600-7395 (EE.UU.) ó al +1-817-852-6000 (Internacional). Visita es.kcm.org/contacto para la información más actualizada.

DEDICATORIA

Le dedico este libro a Gloria, mi mejor amiga,
quien, a través de su firmeza y amor, desterró la
contienda y el enojo de mi vida. Ella y Jesús—¡qué
gran equipo de amor y sanidad!

ÍNDICE DE CONTENIDOS

Capítulo 1

HACIENDO QUE LA SERPIENTE SALGA CORRIENDO DESPAVORIDA

«Pues donde hay envidias y rivalidades, allí hay confusión y toda clase de mal».

Santiago 3:16

Ninguna persona en su sano juicio soltaría una serpiente cascabel en su casa. Sin embargo, eso es lo que las personas están haciendo ahora mismo, en todas partes. Ellos, le abren de par en par la puerta de su vida a una serpiente espiritual tan mortal, que la Biblia dice que trae: "toda clase del mal". Ellos se hacen vulnerables a un enemigo demoniaco, cuyo objetivo es matar y destruir, y cuya estrategia es dividir y conquistar.

Puedes darte cuenta de cómo esa estrategia está funcionando con sólo mirar a tu alrededor. Los resultados están a la vista para todo el mundo: las personas se quejan y pelean entre sí, las relaciones se rompen, grupos completos de personas discuten, se acusan y se odian por cualquier cosa, desde una política gubernamental hasta la religión.

Y, como si eso no fuera suficiente, la mayoría de las personas que están involucradas no tienen idea de lo que está sucediendo. Sienten que son amenazados y heridos, pero no ven la serpiente en el pasto. Determinados a defenderse, pelean entre sí porque no saben con quién más pelear.

Cada hijo de Dios nacido de nuevo se ha dejado atrapar por la confusión. Sin embargo, estoy escribiendo este libro, porque llegó el momento de que eso cambie. Llegó el momento de que los creyentes en Jesús, identifiquen y persigan a quien realmente está *detrás* de toda contienda y división. Nosotros somos las únicas personas que pueden hacerlo. Mientras el resto de las personas se debaten sin saber qué hacer frente al enemigo, nosotros hemos sido equipados con el poder espiritual para vencerlo. Se nos ha dado autoridad divina y habilidad, no sólo para defendernos en contra de esta serpiente, sino también, para levantarnos y defender a los demás.

Esta fue una de las primeras cosas que Gloria y yo aprendimos hace muchos años cuando empezamos en el ministerio. En esa época no teníamos mucho conocimiento espiritual. Ciertamente no teníamos la revelación que tenemos actualmente. Sin embargo, entendíamos los siguiente: «donde hay envidias y rivalidades, allí hay confusión y toda clase de mal» (Santiago 3:16).

A pesar de ser nuevos en las cosas del espíritu, éramos lo suficientemente inteligentes para saber que no teníamos ningún interés en darle al diablo esa clase de libertad en nuestras vidas. Por lo tanto, nos sentamos y tomamos una decisión definitiva. Nos pusimos de acuerdo en que la contienda y la división ya no serían una opción para nosotros y decidimos, delante del SEÑOR, mantenerlas por fuera de nuestro hogar y ministerio sin importar el costo.

Han pasado casi 50 años desde que tomamos esa decisión, y nunca lamentamos haberla hecho. Al contrario, cada vez estamos más agradecidos de que el SEÑOR nos haya guiado a hacerlo, porque desde el Génesis hasta el Apocalipsis vemos que la contienda detiene la BENDICIÓN de Dios y activa la maldición—no solamente en nuestra vida individual, sino en iglesias completas, ciudades y países.

A lo largo de la historia, cada vez que ha comenzado una gran manifestación de Dios en este planeta, el diablo ha empujado a la gente para que se divida y comience a pelearse mutuamente. Él promueve la contienda a nivel mundial para tratar de detener la expansión del evangelio y obstruir el crecimiento del reino de Dios en la Tierra. El derramamiento de la Gloria de Dios ha estado siempre acompañado de guerras de toda clase—y en estos días está sucediendo nuevamente.

Además de conflictos culturales, las amenazas de guerra, los actos de terrorismo y la violencia ya se han vuelto escenas de todos los días. Estas dominan los titulares de los medios las 24 horas del día los 7 días de la semana. Y mientras más reportan estos problemas, más se acrecientan.

Hoy día, como en los días pasados, el diablo está haciendo lo mismo. (Él no tiene nada nuevo). Sólo que esta vez, como nunca antes, se encuentra en una posición más desesperada. Su tiempo en esta Tierra se está acabando (Apocalipsis 12:12). Jesús regresará pronto y la iglesia ha empezado a ingresar en el derramamiento definitivo de la Gloria de Dios del final de los tiempos.

No sé cuánta evidencia has experimentado donde te encuentras, pero yo viajo por todo el mundo y puedo verificar que viene en camino una cosecha masiva de almas del final de los tiempos (Mateo 13:47-50). En este momento, se predica el evangelio en lugares y a personas que el diablo pensó que había atrapado permanentemente en la oscuridad espiritual. Dios está haciendo cosas maravillosas y sobrenaturales por todo el planeta. ¡Su Reino está avanzando y, obviamente, el diablo quiere detenerlo frenéticamente!

En realidad, no es de extrañar que el mundo esté tan conmocionado en este momento. Ésta es una época bíblica.

Hemos alcanzados los momentos finales de los últimos tiempos, y los eventos acerca de los que Jesús profetizó en las escrituras están ocurriendo. Hemos visto acontecer en frente de nuestros ojos lo que Él les advirtió a Sus discípulos en Mateo 24, cuando le preguntaron acerca de las señales del final de los tiempos.

«Cuídense de que nadie los engañe. Porque muchos vendrán en mi nombre, y dirán: "Yo soy el Cristo", y engañarán a muchos. Ustedes oirán hablar de guerras y de rumores de guerras; pero no se angustien, porque es necesario que todo esto suceda; pero aún no será el fin. Porque se levantará nación contra nación, y reino contra reino, y habrá hambre y terremotos en distintos lugares» (versículos 4-7).

Nota que Jesús dijo que en el final se «*levantará nación contra nación*». La palabra griega traducida como nación es *ethnos*. Esta se refiere a etnias o razas, grupos de personas que tienen el mismo color de piel, nacionalidad o manera de pensar.

Permíteme preguntarte algo: ¿Cómo llamamos actualmente cuando una raza o etnia se levanta en contra de otra raza? *Racismo,* ¿no es así? Sin embargo, la Palabra racismo no está en la Biblia. Las escrituras no usan ese término porque, desde la perspectiva de Dios, el racismo no es una cosa, es un *espíritu*. Es el espíritu de división; la palabra griega *dichostasia* indica que su trabajo es la "discordia, división y sedición o rebelión".[1] Es una obra del diablo mismo y los emisarios demoniacos que él envía a realizar su obra divisoria. Por el contrario, la obra de Dios es paz, unidad, armonía y gozo (Juan 14:27, Romanos 14:17).

El *espíritu de división* es el enemigo que enfrentamos estos días y, aquellos que somos miembros de la familia de Dios, necesitamos estar verdaderamente concientes de su accionar. Necesitamos estar constantemente en contra de él, porque está haciendo todo lo posible para incendiarlo todo a nuestro alrededor. Trabaja sin cesar, no sólo instigando guerras entre razas y bloques de países, sino también, guerras entre partidos políticos, comunidades, matrimonios y hogares.

Lo peor de todo es que, el espíritu de división, tiene en la mira a los creyentes. Está tratando de dividir iglesias y separar los miembros del Cuerpo de Cristo; a pesar de que nos es familiar, algunas veces olvidamos el dicho: *Unidos venceremos, divididos perderemos.* Éste no es tan solo un dicho viejo—sino que es una ley espiritual. Como Jesús lo

---

1 "division," *Strong's Exhaustive Concordance of the Bible,* (Nashville: Thomas Nelson, 1984) G1370.

dijo: «Todo reino dividido internamente acaba en la ruina. No hay casa o ciudad que permanezca si internamente está dividida» (Mateo 12:25). Por lo tanto, cualquier cosa que el diablo puede dividir, la puede destruir.

Especialmente, aquellos de nosotros que vivimos en los Estados Unidos de América, necesitamos darnos cuenta del peligro, porque la unidad espiritual es una de las verdades en la que esta nación fue fundada. Aún, nuestro juramento a la bandera declara que: "somos una nación bajo Dios, *indivisible*". Nuestra fortaleza como nación, y por lo tanto nuestra libertad, siempre ha dependido de nuestra indivisibilidad. A pesar de eso, en este momento los estadounidenses están eligiendo facciones y peleándose entre sí como fieras.

Los demócratas y los republicanos han ido mucho más allá de sus desacuerdos y votos antagonistas. Muchas personas en ambos partidos políticos han llegado al punto en el que odian al líder opositor. Una cosa es que los estadounidenses estén en desacuerdo con las decisiones de los líderes y se rehúsen a votar por él o ella. Pero otra muy distinta es cuando su descuerdo se convierte en odio. Eso es algo completamente en contra de la naturaleza. Y aún así, está sucediendo.

Lo observé durante la administración presidencial anterior, y lo estoy observando en esta administración. Algunas personas están tan furiosas con el presidente, que prácticamente se enloquecen con sólo escuchar su nombre. Piensan que su furia es política, pero no lo es. Es espiritual. La puerta del gobierno de los Estados Unidos ha sido abierta de par en par al espíritu de división, y la nación entera está sufriendo por eso.

Este sufrimiento jamás ha sido parte del plan de Dios para este país. Él nunca quiso que los estadounidenses se dividieran cada vez que pudieran y se pelearan entre sí. Su sueño siempre ha sido que esta tierra sea un lugar donde todas las personas con diversos transfondos culturales pudieran alabarlo libremente, en unidad. Él quería un lugar en donde la gente no estuviera dividida por esta clase de diferencias, las llamadas "razas".

De todos modos, en cuanto a Dios se refiere, sólo existen dos razas en la Tierra—aquellos que deciden ser parte de Su familia y aquellos que no. Desde Su perspectiva, la división entre esos dos grupos es la única que existe. Él nunca ha dividido a la humanidad basado en dinero, ropa, cultura, geografía o el color de la piel. La gente empezó a escuchar al diablo y se les ocurrieron esas divisiones. El enemigo se introdujo y comenzó a crear estragos.

Eso fue lo que sucedió en los Estados Unidos. El sueño de Dios es que personas de todos los colores—negros, rojos, blancos, trigueños y amarillos—vivan y lo glorifiquen juntos. Si dudas al respecto, tan solo mira el cielo. Apocalipsis 7:9-10 dice cómo lucirá: «Después de esto vi aparecer una gran multitud compuesta de todas las naciones, tribus, pueblos y lenguas. Era imposible saber su número. Estaban de pie ante el trono, en presencia del Cordero, y vestían ropas blancas; en sus manos llevaban ramas de palma, y a grandes voces gritaban: «La salvación proviene de nuestro Dios, que está sentado en el trono, y del Cordero».

Dios nunca pretendió que existiera enemistad entre la gente y las razas. ¡Él nunca quiso que el hombre negro llegara a los Estados Unidos en un barco de esclavos! Esa no es la manera en la que Dios hace las cosas. Él nunca quiso que el hombre rojo creyera en la brujería y se peleara con otras tribus. Ni tampoco, que el hombre blanco dominara y asesinara a los que habitaban estas tierras antes de llegar.

Su plan siempre ha sido la BENDICIÓN—las personas uniéndose a través de la fe en Él y prosperando juntas. Esta nación fue construida bajo el fundamento de la fe en el

Dios viviente. Él quería derramar Su presencia en Su gente, aquella que le había dedicado esta tierra.[2] Y Él hizo Su parte para que sucediera. Protegió a los primeros colonos de maneras asombrosas, y ha seguido protegiendo este país desde entonces. Somos nosotros los que hemos arruinado las cosas. Pero, sin importar lo que haya sucedido, esta nación fue dedicada a Él y tal como Él lo ha hecho con Israel, Su pueblo, nunca se ha dado por vencido. Él es así. Él permanece con ellos, y permanece con ellos, hasta que Su sueño se hace realidad.

Antes de que Jesús regrese y se lleve la iglesia, creo que nosotros estaremos en unidad y haremos lo que sea necesario que hagamos. Oraremos y votaremos por personas justas en autoridad, que lidiarán con el espíritu de división. Nos levantaremos en unidad y elegiremos líderes que defenderán lo correcto, pero lo harán con bondad y amor, en vez de hacerlo de maneras que provocan mayor división.

Como resultado, este país será otra vez una verdadera *nación bajo Dios.*

---

2 "Cape Henry: the Beginning of a Christian Nation," Christian Broadcasting Network, http://www1.cbn.com/spirituallife/the-beginning-of-a-christian-nation, (25 de Abril, 2016); "Beyond the Pilgrim Story, Text of the Mayflower Compact," Pilgrim Hall Museum, America's Museum of Pilgrim Possessions, http://www.pilgrimhallmuseum.org/mayflower_compact_text.htm, (25 de Abril, 2016).

ES HORA DE MADURAR

Pueda que estés pensando: *La iglesia—no sólo en lo Estados Unidos—sino en todo el mundo, ha estado riñendo durante mucho tiempo. ¡Nunca estaremos unidos!*

Según Efesios 4, vendrá un tiempo (y será pronto porque ahora no queda mucho tiempo) cuando el Cuerpo de Cristo se unirá.

«…estar unidos por la fe y el conocimiento del Hijo de Dios; hasta que lleguemos a ser un hombre [maduro] perfecto, a la medida de la estatura de la plenitud de Cristo; para que ya no seamos niños fluctuantes, arrastrados para todos lados por todo viento de doctrina, por los engaños de aquellos que emplean con astucia artimañas engañosas, sino para que profesemos la verdad en amor y crezcamos en todo en Cristo, que es la cabeza, de quien todo el cuerpo, bien concertado y unido entre sí por todas las coyunturas que se ayudan mutuamente, según la actividad propia de cada miembro, recibe su crecimiento para ir edificándose en amor» (versículos 13-16).

Cuando la iglesia alcance esa clase de madurez, nada más podrá detenernos. Inundaremos esta Tierra con la gloria de Dios. «Predicaremos este evangelio del reino... en todo el mundo para testimonio a todas las naciones [o grupos étnicos], y entonces vendrá el fin» (Mateo 24:14).

Ese es nuestro destino, como Su cuerpo en el final de los tiempos en la Tierra—y según Jesús, lo cumpliremos.

Sin embargo, para lograrlo, debemos "estar bien unidos", rehusando dividirnos en distintas facciones y rehusando enfrentarnos entre nosotros a causa del diablo, que está tratando de engañarnos para que peleemos como un grupo de niños de preescolar. Si nos permitimos caer en su trampa, quedaremos atrapados en un estado de inmadurez, en el que no podremos lograr mucho para el Reino de Dios. Eso fue lo que le pasó a los creyentes de Corinto en el Nuevo Testamento. El espíritu de división detuvo su crecimiento espiritual. El Apóstol Pablo les escribió y les dijo:

«Hermanos, yo no pude hablarles como a personas espirituales sino como a gente carnal, como a niños en Cristo. Les di a beber leche, pues no eran capaces de asimilar alimento sólido, ni lo son todavía, porque aún son gente carnal. Pues mientras haya entre ustedes celos, contiendas y divisiones, serán gente carnal y vivirán según criterios humanos. Y es que cuando alguien dice: «Yo ciertamente soy de Pablo»; y el otro: «Yo soy de Apolos», ¿acaso no son gente carnal?» (1 Corintios 3:1-4).

¡A eso le llamo yo una situación muy triste! La envidia, la contienda y la división los habían reducido a un estado en el que, a pesar de ser nacidos de nuevo y haber madurado en el SEÑOR, habían empezado a pensar nuevamente como incrédulos. Como resultado, el ministerio de Pablo hacia ellos estaba obstaculizado. Ya no podía compartir con ellos las revelaciones transformadoras que Dios le había dado. Los Corintios se habían transformado en personas con mentes naturales. Pablo sabía que su carnalidad no les permitiría entender las cosas que quería enseñarles, porque las cosas de Dios deben discernirse *espiritualmente* (1 Corintios 2:14).

¡Lo peor, es que los creyentes de Corinto ni siquiera se daban cuenta de que tenían un problema! De hecho, ellos estaban orgullosos de las divisiones sectarias y se jactaban diciendo: "yo soy de este grupo" y "yo soy de aquel". Ellos, aparentemente, pensaban que ser de "Pablo" o de "Apolos" probaba que eran superiores e incorruptibles. En realidad, lo único que probaban era que habían caído presos en el espíritu de prejuicio y la segregación. Habían sido *engañados por el espíritu de división*.

Jesús dijo: «Si una casa se divide contra sí misma, tampoco puede permanecer» (Marcos 3:25). Esa es la verdad absoluta e incambiable. Una casa dividida *se caerá*. No es una probabilidad, es inevitable. Y es tan cierto para los creyentes de hoy día como lo fue para los Corintios. Si operamos en el espíritu de división, nuestra casa se debilitará—y *se* caerá.

Un día, esto produjo un impacto muy fuerte en mí. Estaba orando y arrepintiéndome delante de Dios, por criticar a otro creyente. Cuando terminé, Dios me dijo: *"Es bueno que lo hayas hecho"*. Podía darme cuenta por la manera en la que me lo dijo, que quería que supiera que esto era un asunto muy serio. Si me apartaba de alguien más en Su Cuerpo, estaba garantizándome mi propio fracaso—me caería.

Esto es algo muy peligroso como para no saberlo—y aparentemente, los Corintios no lo sabían. Así que Pablo los corrigió. En esencia, les dijo: "Quería alimentarlos con carne espiritual de la PALABRA de Dios, que los ayudaría a crecer y los fortalecería, pero, ustedes no pueden recibirla. ¡Todo lo que puedo hacer, es darles un poco de lechecita espiritual, porque ustedes han permitido que el espíritu de división, haga de ustedes un grupo de bebés! Existe demasiada envidia, discordia y división en medio de ustedes y no puedo hacer demasiado por ustedes".

Compara lo que dice Efesios 4, acerca de "hablar la verdad en amor" con lo que Pablo dijo acerca de "la envidia, la contienda y las divisiones". Son completamente opuestos. No puedes hacer las dos al mismo tiempo. Mientras hablas la verdad en amor, maduras espiritualmente. Te separas de la división espiritual y te mueves a un espíritu de amor y reconciliación. Al contrario, cuando peleas con otros creyentes y te separas de ellos, vas en la dirección opuesta. Te mueves nuevamente hacia un estado de infancia espiritual.

Esta es la meta de los esfuerzos del diablo: traer un espíritu de división a la Iglesia. Ese espíritu trabaja para dividir y conquistar haciendo que los creyentes actúen como niños, sacudidos y fluctuando por toda clase de doctrinas y opiniones diferentes (Efesios 4:14). Éste viene a infectarnos con veneno y nos hace entrar en contienda, para que pensemos y actuemos como hombres que no han cambiado.

El diablo ha estado haciendo un muy buen trabajo en esta área por mucho tiempo, y últimamente ha aumentado aún más sus actividades. Pero, como 2 Corintios 2:11 dice: «conocemos sus malignas intenciones». No tenemos que permitirle seguir engañándonos con sus maquinaciones divisorias. Podemos cambiar la situación.

Cuando nuestras mentes son renovadas con la verdad de la PALABRA de Dios, podemos identificar mejor las estrategias del diablo. Estamos mejor equipados para sacar el espíritu de división de la oscuridad, iluminarlo con la luz de Dios y echarlo fuera de nuestra vida, nuestro hogar, nuestra iglesia, nuestra comunidad. Hasta podemos ejercitar nuestra autoridad dada por Dios sobre lo que está tratando de hacer sobre nuestro país.

Jesús dijo: «Toda autoridad[3] me ha sido dada en el cielo y en la tierra» (Mateo 28:18). Como sus discípulos, nosotros somos coherederos de esa autoridad. Así que, usémosla para frustrar las tácticas del diablo y avanzar al reino de Dios en estos últimos y gloriosos días.

---

3 "power," Strong's, G1849; "power" *Vine's Expository Dictionary of Biblical Words* (Thomas Nelson: Nashville, 1985) No. 2 *exousia*.

Capítulo 2

¡LA VARIEDAD ES MARAVILLOSA!

«Ahora bien, ustedes son el cuerpo de Cristo, y cada uno de ustedes es un miembro con una función particular».

1 Corintios 12:27

Cuando se trata de librar una batalla militar, se ha dicho sabiamente que, si quieres ganar, debes conocer al enemigo. Esto también es cierto para los soldados espirituales. La primera cosa que debemos hacer, si vamos a pelear con efectividad en contra del espíritu de división, es aprender a reconocerlo. Debemos poder identificarlo en una milésima de segundo cada vez que empiece a levantar su horripilante cabeza.

Te alegrará saber que esto no es algo difícil de hacer. De hecho, es muy fácil, porque el espíritu de división—ya sea que esté atacando un matrimonio, una iglesia o un país—siempre hace lo mismo: magnifica las diferencias entre las personas con un espíritu de discordia y odio.

Ya vimos un ejemplo en la iglesia de Corinto. El diablo promovió la contienda y la división en ese lugar, magnificando las diferencias entre varios predicadores y ministros. Cada ministro le atraía más a algunas personas que a los demás, porque cada uno tenía su estilo propio y su tarea de parte de Dios. Estos ministros predicaban el mismo evangelio, sin embargo, no ministraban lo mismo y de la misma manera. Como Pablo explicó: «Yo sembré, y Apolos regó, pero el crecimiento lo ha dado Dios» (1 Corintios 3:6).

Ya que los ministerios de "sembrar" y "regar" son diferentes, el espíritu de división aprovechó esas diferencias. Las magnificó con odio para crear problemas en la iglesia. La gente no se dio cuenta de que eso estaba sucediendo, así que dejaron que el diablo los engañara. Se dividieron en algo parecido a facciones o denominaciones, y comenzaron a pelear entre sí acerca de cuál predicador era mejor.

Irónico, ¿verdad? El espíritu de división tomó lo que Dios había diseñado para fortalecer y unificar la iglesia y lo usó para debilitarla y dividirla. En realidad, el diablo dividió la congregación haciendo que peleara por diferencias ordenadas para BENDECIRLOS y unirlos. ¡Dios quería que esos ministros fueran diferentes los unos de los otros! Cada uno de esos predicadores tenía una parte, sin embargo, unidos, podían proveerle a la iglesia una provisión espiritual, que aceleraría el crecimiento espiritual de la iglesia.

Así es como debe ser en el Cuerpo de Cristo. No solamente los ministros, sino todos los creyentes que son miembros de un cuerpo local. Cada uno de nosotros tiene su parte, y cuando hacemos lo que Dios nos ha ungido para que hagamos, nuestras diferencias encajan de una manera que fortalece al cuerpo. ¡Así que cuando trabajamos unidos, todos somos BENDECIDOS!

Primera de Corintios 12 lo dice de esta manera:

«Ahora bien, hay diversidad de dones, pero el Espíritu es el mismo. Hay diversidad de ministerios, pero el Señor es el mismo. Hay diversidad de actividades, pero Dios, que hace todo en todos, es el mismo. Pero la manifestación del Espíritu le es dada a cada uno para provecho... Porque así como el cuerpo es uno solo, y tiene muchos miembros, pero todos ellos, siendo muchos, conforman un solo cuerpo, así también Cristo es uno solo» (versículos 4-7, 12).

¡La variedad de dones en el Cuerpo de Cristo es maravillosa! No es sorprendente, si lo pensamos, porque Dios siempre ha creado variedad. Puedes verlo al observar cómo hizo a la raza humana. No se contentó con crear sólo una clase de hombre, a pesar de que Adán reflejaba totalmente la naturaleza de Dios—tanto el lado masculino como el femenino—. Dios dijo: «No está bien que el hombre esté solo; le haré una ayuda a su medida» (Génesis 2:18). Entonces, puso a dormir a Adán en un sueño profundo y le sacó una de sus costillas. Él separó la parte femenina de Adán de la masculina y creó una mujer (o un hombre con vientre). Después, los unió en una relación, donde estaban reunidos, y esa unión los hizo mejores. Sus diferencias, reunidas, crearon mayor fortaleza.

Por supuesto, esto reconociendo el poder de su unidad, antes de que el diablo se involucrara. El pecado apareció en la escena y arruinó las cosas. Como resultado, a través de los siglos, los hombres y mujeres se han dividido por género. Provocaron contienda entre ambos bandos y comenzaron pequeñas guerras acerca de cuál género era el superior.

La verdad es que ambos lo son.

En algunas cosas las mujeres son superiores a los hombres. Hombres, si no lo creen, miren a su esposa tener un bebé. He observado lo que eso requiere, ¡y no lo haría por nada en el mundo! ¡Requiere de un gran compromiso el perpetuar la raza humana, mucho más demandante que mi voluntad de atravesar por un parto, dar a luz y todo lo que eso representa! Todos los hombres que conozco piensan lo mismo. Si fuera el hombre el que tuviera que tener los hijos, la raza humana no duraría por mucho tiempo. Así que las mujeres son definitivamente superiores.

De la misma manera, los hombres también son mejores. Fueron creados para ser y hacer cosas que las mujeres no. Así que hombres y mujeres tienen debilidades, y los dos tienen fortalezas. Donde la mujer es fuerte, el hombre es débil. Donde el hombre es fuerte, la mujer es débil. Cuando los unes, no hay debilidad. «Son coherederas con ustedes del don de la vida» (1 Pedro 3:7),

TEMPLANDO EL ACERO

Puedo hablar de mi experiencia. En los más de 50 años de matrimonio con Gloria, ella ha sido una fortaleza para mí. Dios me dijo que lo sería cuando me comisionó para el ministerio. Gloria ha sido para mí lo que el proceso de templado provoca en el acero.

Antes de que el acero sea sometido al calor, es quebradizo y no tiene mayor fortaleza. Se rompe ante la primera presión que reciba. Sin embargo, después de que es sometido al proceso de templado, es lo suficientemente flexible como para no romperse, hasta que alcanza su punto de resistencia a la tensión. Al igual que el acero templado, Gloria y yo, unidos, somos fuertes. Podemos hacer cualquier cosa que Dios nos pida.

Ella es extremadamente práctica y ordenada; y yo tiendo a ser desordenado. (Es un milagro que se casara conmigo). Por ejemplo: cuando estoy en la casa, quiero que todo esté desplegado donde pueda verlo. Si me dejas en un cuarto lo suficientemente grande, todos los cajones estarán vacíos. No me importa doblar las cosas y ordenarlas, pero me gusta que las cosas estén encima de la mesa, donde pueda verlas.

Gloria es lo contrario: le gustan las cosas en su lugar y fuera de la vista. Así que después de que yo saco todo, ella viene y lo recoge. Yo lo saco, ella lo recoge. ¡Somos fuertes en sacar y en recoger! Si necesitas a alguien que saque las cosas, puedes llamarme. Si necesitas a alguien que las recoja, puedes llamarla a ella. ¡Entre los dos, podemos manejar ambas tareas!

Este es un ejemplo gracioso, y algunas veces nos reímos al respecto, pero en áreas más significativas de nuestra vida, nuestras diferencias han probado ser vitales para avanzar espiritualmente. En 1988, cuando el SEÑOR nos dijo que saliéramos en la televisión a diario, ninguno de los dos estaba listo para hacerlo. El solo pensamiento de estar en televisión—a diario—hacía que nuestra cabeza diera vueltas. En ese momento de nuestro ministerio, yo pensaba que ya tenía más que suficiente para hacer, y verdaderamente no estaba buscando una tarea adicional. Gloria sabía cuánto nos costaría y no quería gastar tanto dinero. Así que cuando Dios nos habló, cada uno le respondió a su manera.

Ella inmediatamente comenzó a tratar de figurar y planear el presupuesto que se requeriría. Yo, por el contrario, ni siquiera pensé en esas cosas, porque no es así como opero. Yo no trato de entender las cosas y tener un plan. Yo tan solo escucho al SEÑOR y dependo de lo que Él dice. Eventualmente, algo hace clic en mí, y repentinamente, estoy listo para hacerlo.

Gloria todavía estaba tratando de hacer que los cálculos financieros funcionaran, cuando yo sentí ese clic interior acerca del programa a diario. "¡Vamos a hacerlo!" Le dije.

"No tenemos el dinero", me contestó.

"Eso no importa, tenemos fe, ¿verdad?"

"Entonces, ¿lo haremos de cualquier manera?"

"¡Sí, lo haremos!", le dije. Ella estuvo de acuerdo, y nos metimos de lleno juntos al programa de televisión diario.

Al comienzo de nuestro ministerio, Gloria no siempre respondía con mucho entusiasmo a tales conversaciones. Ella siempre le obedecía a Dios y daba el salto de fe que yo estaba listo a dar; sin embargo, lo hacía diciendo: "Oh, querido Jesús… ¡ayúdanos!". Ahora, ella está lista para cualquier clase de aventura de fe—en cualquier momento, en cualquier lugar. Cuando Dios habla, ella dice: "¡Gracias Jesús, aquí vamos!"

¿Qué hizo que cambiara? Por un lado, a través de los años, mi actitud de: *"no importa, si no tenemos el dinero, vamos a hacerlo"* fue contagiosa. De la misma manera, muchas veces su practicidad, se me ha pegado a mí. Ahora, nos encontramos en el medio: los dos somos valientes *y* prácticos.

Eso es lo que Dios tiene en su mente para los matrimonios, todo el tiempo. Por esa razón el plan perfecto para las familias, incluye un esposo y una esposa, quienes, si tienen hijos, también son un papá y una mamá. Él no planeó que el matrimonio sea un campo de batalla. Los esposos y esposas son distintos, pero esas diferencias fortalecen a la familia. La Biblia no dice: "Hijos obedezcan a su papá", o "hijos obedezcan a su mamá". Esta dice: «Hijos, obedezcan a sus padres» (Efesios 6:1). El papá y la mamá tienen autoridad en el ámbito espiritual—juntos, unidos.

¡Por esa razón, no es de extrañar que el diablo trabaje horas extras tratando de invadir los hogares cristianos con el espíritu de división! Un esposo y una esposa que permanecen en unidad en la PALABRA de Dios, pueden construir un hogar que no puede ser sacudido. Los dos, en común acuerdo, pueden hacer que suceda la voluntad de Dios (Mateo 18:19).

JUNTOS NO PERDEMOS EL RITMO

Estas verdades básicas también aplican a personas de diferentes razas. Tal como los hombres y las mujeres tienen fortalezas que los hacen superiores, todas las nacionalidades y etnias raciales tienen fortalezas en las que se distinguen. Cada uno ha sido bendecido por Dios para sobresalir en ciertas áreas. Aún así, todos somos diferentes.

Si reunimos un grupo de personas de diferentes razas que han sido testigos del mismo evento, cada uno lo interpretará de manera diferente. Una persona de una raza podría decir: "Esto fue lo que pasó". Pero una persona de otra raza puede que diga: "No, no fue así". Otro podría decir: "Los dos están equivocados. Yo estuve ahí, y *esto* fue lo que realmente pasó".

La razón por la que cada grupo tiene una perspectiva diferente, es simple: todos provienen de distintas culturas y tienen distintas vivencias. Su manera de pensar y los patrones de pensamiento, no son los mismos. Sin embargo, si el diablo tiene la oportunidad, magnificará las diferencias en su perspectiva y traerá odio y discordia entre ellos. Muy pronto, por ejemplo: los blancos, que fueron testigos del evento, se dirán entre ellos: "¿Escuchaste lo que ese indio loco dijo? ¿No es la cosa más tonta que hayas oído? ¡No tiene sentido". Los hombres trigueños y los amarillos sacudirán su cabeza diciendo: "Ninguno de todos estos sabe nada. Este es el grupo de tontos más grande que he conocido en toda mi vida".

Eventualmente, el diablo los habrá dividido tanto que será imposible para ellos contar la historia completa de lo que vieron.

Sin embargo, si permiten que el Espíritu Santo obre en medio de ellos, pueden cambiar la situación. Él puede tomar las diferencias entre esas personas y magnificarlas en amor. Tal como en el escenario del matrimonio, Él puede hacer que se unan, y juntos proveerán una imagen más exacta del evento de la que un solo grupo podría describir.

Algunas veces recuerdo lo siguiente: cuando estoy en un servicio de alabanza donde blancos y negros están cantando y alabando juntos al SEÑOR, la gente blanca tiende a aplaudir en el primer y tercer tiempo, mientras que la gente negra tiende a hacerlo en el segundo y cuarto tiempo. Cada grupo aplaude en tiempos diferentes—sin embargo, juntos, no se pierden un solo tiempo (Aprendí esto de Creflo Dollar).

Para mí, esa es una buena representación acerca de lo que puede suceder en todo nivel, cuando los creyentes de diferente color de piel, nacionalidad o puntos de vista, *le permiten al Espíritu Santo* unirlos, cuando pueden compartir y aprender los unos de los otros. *Juntos* se fortalecen y son más peligrosos para el diablo, porque abarcan un espectro mayor, en lugar de segmentos individuales y aislados. *Juntos* están completos y plenos, sin que les falte nada. Se convierten en una fuerza a la que el diablo no puede oponerse.

¡Es el momento de reconocerlo! Para que seamos verdaderamente poderosos para el Reino de Dios, y en contra de cualquier ataque del reino de las tinieblas, necesitamos madurar—juntos. No será suficiente si sólo algunos de nosotros crecemos y decimos: "que lástima" por el resto de las personas. No funciona de esa manera. Nosotros somos parte de los demás. Somos un cuerpo—¡el Cuerpo de Cristo!

Es probable que te estés preguntado si la iglesia necesita ser menos prejuiciosa e integrarse más interracialmente. "Prejuicio" e "integración" son *palabras seculares.* El mundo ha estado usándolas por muchos años. Los gobiernos han tratado de lidiar con el problema que ellos denominan "prejuicio", pasando leyes de integración y *forzando* a la gente a unirse. Tales leyes tienen un impacto limitado. Sin embargo, nunca han solucionado el problema de raíz. Sin importar los esfuerzos de los gobernantes y legisladores, las peleas raciales aún continúan. "Pensamos que lo habíamos solucionado, exclaman. Entonces, ¿Por qué la gente todavía sigue peleando?"

Lo hacen porque el prejuicio no es la raíz del problema. El prejuicio es el *resultado.* El prejuicio es como las hojas de un árbol. La raíz del problema es el espíritu de división. Y la integración por sí misma, no lo solucionará. Las personas pueden odiarse y todavía sentarse juntas, de la misma manera que pueden odiarse cuando están al otro lado de la ciudad. En el frente del autobús o en la parte trasera, el odio es odio. Puedes permitirle a un hombre sentarse en el frente del autobús, y las personas sentadas detrás de él todavía pueden observarlo y odiar cada hueso de su cuerpo. Así que hasta que no lidies con el espíritu de división, el problema todavía estará presente.

MÁS QUE INTEGRACIÓN— ¡RECONCILIACIÓN!

Para dejarlo en claro, no estoy sugiriendo que las leyes de integración no sean necesarias. Tan solo estoy diciendo que no son la solución perfecta. No pueden serlo, porque no están basadas en la PALABRA de Dios. La palabra *integración* no aparece en ninguna parte en la Biblia. En ningún lugar dice que debemos integrarnos. Dice que debemos *reconciliarnos*—primero con Dios, a través de la fe en Jesús y luego con el prójimo. De eso se trata la redención.

Según el nuevo testamento:

«De modo que si alguno está en Cristo, ya es una nueva creación; atrás ha quedado lo viejo: ¡ahora ya todo es nuevo! Y todo esto proviene de Dios, quien nos reconcilió consigo mismo a través de Cristo y nos dio el ministerio de la reconciliación. Esto quiere decir que, en Cristo, Dios estaba reconciliando al mundo consigo mismo, sin tomarles en cuenta sus pecados, y que a nosotros nos encargó el mensaje de la reconciliación. Así que somos embajadores en nombre de Cristo, y como si Dios les rogara a ustedes por medio de nosotros, en nombre de Cristo les rogamos: «Reconcíliense con Dios». Al que no cometió ningún pecado, por nosotros Dios lo hizo pecado, para que en él nosotros fuéramos hechos justicia de Dios» (2 Corintios 5:17-21).

«Por tanto, si traes tu ofrenda al altar, y allí te acuerdas de que tu hermano tiene algo contra ti, deja allí tu ofrenda delante del altar, y ve y reconcíliate primero con tu hermano, y después de eso vuelve y presenta tu ofrenda» (Mateo 5:23-24).

Cuando los creyentes se reconcilian en el Espíritu y caminan juntos en fe y en amor, las diferencias de nuestro color de piel y el origen racial son irrelevantes, porque espiritualmente, ¡somos uno! Pertenecemos a la misma familia espiritual. Hemos nacido de la misma semilla de la PALABRA de Dios. Compartimos el mismo Padre celestial, y hemos sido hechos la justicia de Dios en Jesucristo. ¡Lo que tenemos en común en Cristo es tan poderoso, que nuestras diferencias de origen cultural no equivalen ni a una montaña de frijoles!

Sin importar el color de tu piel ni tu origen racial, como hijo de Dios, nacido de nuevo, no tendrían que forzarme con una ley de integración para que me siente a tu lado. Lo hago, porque el amor de Dios ha sido derramando en mi corazón y te amo con Su amor. Realmente quiero saber lo que Dios te está diciendo y saber cómo ves las cosas. Esto es particularmente cierto, si tu linaje es distinto al mío porque *tú* ves las cosas de una manera distinta a como yo las veo y valoro tu punto de vista. Quiero aprender más acerca de cómo piensas, para poder serte de mayor bendición, y juntos, podremos ser de mayor bendición al mundo.

Este deseo fue lo que me motivó hace muchos años a aprender acerca de cómo pensaban mis ancestros. Mi abuelo era un indio Cherokee; sin embargo, yo no fui criado en esa cultura, así que no sabía mucho acerca de ellos. Después, mientras más aprendí, pude entender a mis parientes y también mi propia perspectiva. Me di cuenta de: *¡Que la manera en la que veo las cosas! La cual pensé que era solo mía, ¡se debe a mi herencia indígena!*

Mejor aún es entender que los patrones de pensamientos indígenas, me han ayudado cuando le predico a mis hermanos y hermanas en Cristo, que son nativos norteamericanos. Esto me ha dado un claro entendimiento de cómo ellos ven las cosas. Como resultado, podemos comunicarnos mejor y nuestras diferencias no interfieren en el camino. Durante muchos años, uno de los gozos más grandes que he sentido, ha sido poder predicar y trabajar con ministros nativos norteamericanos y creyentes. Juntos hemos experimentado algunos movimientos de Dios tremendos.

Y tanto como he llegado a amar el lado indígena de mi familia, tengo el mismo aprecio por la gente en el cuerpo de Cristo cuya línea de sangre es tan distinta a la mía, que la única sangre que tenemos en común es ¡la Sangre de Jesús! Los amo y los valoro a todos—en toda su asombrosa variedad.

¿Integración? Esa palabra ni siquiera comienza a describir lo que la ley de Dios nos entrega cuando estamos unidos como el cuerpo multifacético y multicolor de la familia de Dios. Hemos sido unidos por la ley del amor. Caminamos juntos en el Espíritu Santo que, por el contario del espíritu de división, magnifica nuestras diferencias de una manera que nos acerca los unos a los otros con admiración y aprecio. Nadie tiene que forzarnos a entrelazar nuestros brazos porque en Cristo—en el Ungido y Su Unción—hemos sido reconciliados. ¡En cada oportunidad que el SEÑOR nos da, queremos estar tan unidos como podamos!

Capítulo 3

POR ENCIMA DE TODO, DESEEN LA SABIDURÍA

«Buen escudo son la ciencia y las riquezas,
pero la sabiduría es más provechosa
porque da vida a quienes la tienen».

Eclesiastés 7:12

Si pudiéramos pasar todo nuestro tiempo con otros creyentes, lidiar con el espíritu de división sería relativamente fácil. Si el diablo nos instigara a pelear entre nosotros, podríamos continuar focalizándonos en las raíces espirituales familiares. Nos podríamos regocijar en el hecho de que todas las personas a nuestro alrededor, aún a pesar de nuestros desacuerdos, son nacidas de nuevo y desean actuar (hasta cierto punto, de cualquier manera) como Jesús.

Sin embargo, y como ya lo sabemos, esa no es la realidad que enfrentamos.

Ninguno de nosotros vive toda su vida detrás de las paredes de una iglesia. Esto no es a lo que están llamados los cristianos. Estamos comisionados a ir: «...por todo el mundo y prediquen el evangelio a toda criatura» (Marcos 16:15). Hemos sido mandados por el Maestro a salir a la oscuridad, y dejar que nuestra luz brille delante de los hombres, para que ellos puedan ver nuestras buenas obras, y glorificar al Padre que está en el cielo. Jesús dijo que nosotros somos la sal del mundo (Mateo 5:13, 14).

¡Es una tarea emocionante! Sin embargo, como todos lo hemos descubierto, llevarla al mundo donde el espíritu de división actúa en forma desenfrenada puede ser dificultoso. Entre los enfrentamientos raciales y las cosas feas que han dicho y hecho personas a nuestro alrededor, es tentador dejarnos atrapar por el conflicto. Especialmente cuando algunas de las cosas horribles que se han dicho y hecho están dirigidas a propósito contra *nosotros.* Podemos estar tentados a reaccionar en la carne y ser parte del problema, en lugar de ofrecer una solución.

¿Cómo nos aseguramos de no caer presos de la tentación? ¿Cómo podemos continuar siendo la BENDICIÓN que Jesús nos llamó a ser cuando las mismas personas que estamos tratando de bendecir se rinden al espíritu de división y nos hacen el blanco de su racismo, fanatismo u odio?

Proverbios 4:7-9 nos ofrece la respuesta:

> «En primer lugar, adquiere sabiduría; sobre todas las cosas, adquiere inteligencia. Hónrala, y ella te enaltecerá; abrázala, y ella te honrará. Adorno de gracia pondrá sobre tu cabeza; te coronará con una bella diadema».

Nota que el versículo 7 dice: «En primer lugar, adquiere sabiduría». La frase en primer lugar significa "lo más importante, lo más valioso". Esto indica que cuando tenemos la sabiduría de Dios acerca de una situación, poseemos lo único que realmente importa. Cuando tenemos la sabiduría de Dios, tenemos algo poderoso y nada ni nadie en el mundo puede mantenernos en derrota.

Esta es la razón por la que nosotros, como creyentes, no tenemos que pelear ni enojarnos con la gente cuando el espíritu de división los usa para tratar de oprimirnos de alguna manera. Podemos continuar caminando en bondad y amor porque tenemos la ventaja. Como hijos de Dios, tenemos Su sabiduría sobrenatural disponible para nosotros. Tenemos Su Espíritu Santo en nuestro interior y tenemos Su PALABRA escrita. Todo lo que necesitamos hacer es creer y hacer lo que Dios dice, y Su sabiduría nos protegerá y nos promoverá.

Siempre saldremos triunfadores en cualquier situación si obedecemos los mandamientos de Dios y seguimos la dirección del Espíritu Santo. Sin importar cuán mal la gente nos trata o cuán alto apuesten en nuestra contra, si actuamos de acuerdo con la sabiduría de Dios, seremos BENDECIDIOS. La Biblia lo confirma escritura tras escritura:

- «Si tú escuchas con atención la voz del SEÑOR tu Dios, y cumples y pones en práctica todos los mandamientos que hoy te mando cumplir, el SEÑOR tu Dios te exaltará sobre todas las naciones de la tierra. Si escuchas la voz del Señor tu Dios, todas estas bendiciones vendrán sobre ti, y te alcanzarán… El SEÑOR te pondrá por cabeza, no por cola. Estarás por encima de todo, nunca por debajo, siempre y cuando obedezcas y cumplas los mandamientos del SEÑOR tu Dios, que hoy te ordeno cumplir…» (Deuteronomio 28:1-2, 13).

- «Procura que nunca se aparte de tus labios este libro de la ley [la PALABRA de Dios]. Medita en él de día y de noche, para que actúes de acuerdo con todo lo que está escrito en él. Así harás que prospere tu camino, y todo te saldrá bien» (Josué 1:8).

- «No saldrá victoriosa ninguna arma que se forje contra ti. Y tú condenarás a toda lengua que en el juicio se levante contra ti. Ésta es la herencia de los siervos del SEÑOR. Su salvación viene de mí. Yo, el SEÑOR, lo he dicho» (Isaías 54:17).

- «Pues éste es el amor a Dios: que obedezcamos sus mandamientos. Y sus mandamientos no son difíciles de cumplir. Porque todo el que ha nacido de Dios vence al mundo. Y ésta es la victoria que ha vencido al mundo: nuestra fe» (1 Juan 5:3-4).

Es probable que estés pensando, *Sí, sé que la Biblia dice esas cosas, pero ahora mismo parece como si todo el mundo estuviera en mi contra. Tienen prejuicios en contra de mi color de piel. Me discriminan porque crecí en la zona incorrecta de la ciudad. Nadie me dará un trabajo. ¡He llegado al punto en el que perdí toda esperanza!*

¡No, no la has perdido!

Nadie está sin esperanza por estar en una mala situación. Nadie se queda sin esperanza por haber sido discriminado, o por no tener un trabajo. La desesperanza no proviene de esa clase de cosas. La falta de esperanza, en el verdadero sentido de la palabra, proviene de estar por fuera del Reino de Dios. Viene de la condición en la que todos nosotros estuvimos alguna vez antes de nacer de nuevo. Como Efesios 2:12 lo describe: «En aquel tiempo ustedes estaban sin Cristo, vivían alejados de la ciudadanía de Israel y eran ajenos a los pactos de la promesa; vivían en este mundo sin Dios y sin esperanza».

¡Esa es la razón para no tener esperanza! Esa misma.

Las personas que no tienen a Cristo… y deambulan sin Dios "en el mundo" viven atrapados y lleno de problemas. Ajenos al Nuevo Pacto, dependen del sistema babilónico en que la gente trata de suplir sus necesidades sin Dios. Ellos son dominados por el diablo, que es el "dios de este mundo" (2 Corintios 4:4). Y él es un tirano sin reglas. Él hace que las personas se peleen y alcancen a regañadientes todo lo que consiguen— y una vez que lo obtienen, se los roba.

Cuando estás en esa situación y pierdes tu trabajo, o la economía se derrumba, o te enfrentas con maltrato o racismo, *es* un muy mal negocio. No tienes salida. No tienes un pacto con Dios del cual puedes depender, y no puedes ver la manera de ganarle a las fuerzas que están luchando en tu contra.

Sin embargo, es una historia completamente distinta una vez que recibes a Jesús como tu Salvador y SEÑOR. En Él: «se hallan escondidos todos los tesoros de la sabiduría y del conocimiento» (Colosenses 2:3). Así que cuando estás unido a Él y estás escuchando Su voz, él puede decirte cómo vencer cualquier cosa que el diablo y el sistema del mundo lancen en tu contra. Dios puede mostrarte el secreto para caminar en victoria en *cada* situación.

EN ASCENSO Y SALVANDO VIDAS

Ahora mismo estoy pensando en un hombre que conozco cuya vida es una ilustración maravillosa del caminar en victoria a través de situaciones difíciles. Él era Teniente General del Ejército de las Fuerzas Armadas de los Estados Unidos. De raza negra, creció en el sur del país antes del movimiento civil y enfrentó algunos problemas que la mayoría de las personas considerarían insoportables. Lo conocí hace más de 30 años, justo después de que se pensionara; yo estaba emocionado por la oportunidad de poder sentarme y conversar con él. Ansioso por escuchar su historia, le pregunté al respecto.

Me contó que había nacido en una familia pentecostal que creía en la Biblia. Sus padres lo amaban y lo habían criado bien, pero no tenían suficiente dinero para enviarlo a la universidad. Así que, con la mínima educación requerida para calificar, se enlistó en las Fuerzas Armada de Estados Unidos siendo muy joven.

Se inició como soldado raso, pero pronto empezó a ascender de rango. Fue promovido a teniente de segunda clase, continuando su carrera ascendente que lo vio como cabo y después como sargento de segunda clase y más adelante, como sargento. Con el tiempo, fue comisionado y continuó avanzando. "¿Cómo lo hiciste?", le pregunté. "¿Cómo pasaste de enlistarte sin ningún grado hasta llegar a donde estás hoy?"

"Lo hice tomando la sabiduría de Dios al orar en lenguas en el Espíritu Santo", me respondió.

Me ilustró lo que quería decir al compartir conmigo una historia que nunca olvidaré. La misma se centraba en torno a una experiencia que tuvo durante la guerra de Vietnam. Él era el capitán de la artillería, y un día una patrulla de infantería en su área estaba rodeada por los enemigos. El joven que lideraba lo llamó por el radio: "Capitán, no sé cómo saldremos de ésta", le dijo. "La única esperanza que tenemos es desplegar una barrera de artillería que nos abra una ruta de escape. Sin embargo, si me dice por el radio en qué dirección debo ir, la patrulla Vietnamita lo escuchará. Nos saldrán al encuentro y acabarán con nosotros. No tenemos salida".

Yo he estado en el ejército, y mientras el general describía la escena, estaba al filo de la silla. "¿Qué hiciste?", le pregunté.

"Le dije al líder de la patrulla que esperara un minuto y le prometí que lo llamaría de nuevo", me dijo. "Después, salí a solas para poder pensar y orar. Sabía que tenía la mayor capacidad de artillería en el área y podía aniquilar al enemigo completamente si la usaba. Sin embargo, en el proceso, mataría los miembros de nuestra patrulla. Mirando al cielo esa noche, con el brillo de las estrellas, dije: "Jesús, tengo un problema. ¿Cuál es la solución?"

"Por unos minutos caminé de un lado a otro bajo las estrellas, orando en lenguas y declarando la PALABRA de Dios. Repentinamente, vi la respuesta. Corrí adentro y tomé el radio: "Teniente, ¿eres cristiano?", le pregunté.

"¡Sí Señor!"

"¿Sabes por dónde sale nuestra estrella en Belén?"

"¡Sí Señor!"

"Pondré una barrera de artillería en cada punto del compás, excepto en ese. ¿Me entiende, teniente?"

"¡Afirmativo, Señor! ¡Voy en camino!"

El plan funcionó a la perfección. Abrió fuego de artillería en el norte, el sur y el oeste, dejando el paso abierto en dirección este. ¡La patrulla de infantería se dirigió en esa dirección, totalmente segura! Los vietnamitas no pudieron hacer nada porque no sabían dónde estaría ubicada la barrera. Así que tuvieron que cubrirse hasta que el bombardeo terminó.

Esa es la sabiduría de Dios—¡ésta convirtió a un recluta, en un sargento mayor del ejército! Le dio poder a este hombre de ser BENDECIDO y de ser de bendición para las personas a su alrededor, sin importar los obstáculos que el diablo pusiera en su camino.

Al finalizar la historia, le pregunté: "¿Alguna vez te dieron problemas por tu color de piel o porque eras pentecostal?"

"Lo hicieron cuando era joven", me respondió, "pero nunca lo hicieron después de que me convertí en sargento, y luego en teniente coronel y más adelante en general. Es probable que todavía dijeran cosas acerca de mí, sin embargo, yo nunca me enteré al respecto".

AQUÍ PARA MOSTRARLES LA SALIDA

A través de los años he meditado en la historia del general, y una cosa en particular me impresionó. La noche que él estaba orando bajo las estrellas de Vietnam, él no recibió la sabiduría de Dios porque la tuviera en su mente. Él no la recibió porque estaba preocupado y diciendo: "Dios mío, ¿qué voy a hacer? Esa patrulla entera va a desaparecer, y me echarán la culpa. Me bajarán de rango a soldado raso".

No, el general estaba ocupado con asuntos más importantes. Tenía un trabajo que realizar y un llamado que cumplir. Había personas esperando por su ayuda. Él no estaba preocupándose por lo que alguien más pudiera pensar acerca de él, sino que estaba totalmente enfocado en salvar vidas en medio de una situación dificultosa.

Lo mismo debería ser cierto para cada creyente. A pesar de que nosotros no estamos en la jungla de Vietnam para rescatar soldados en peligro de caer bajo el fuego del enemigo, espiritualmente nos encontramos en la misma situación. A nuestro alrededor, la gente está bajo el ataque del diablo. Aquellos que no han nacido de nuevo no tienen ninguna defensa contra él. Están atrapados en el sistema pagano del mundo.

¡Como ciudadanos del cielo, estamos aquí para mostrarles la salida! Esa es la única razón por la que todavía estamos en este planeta—para compartir las buenas noticias con la gente.

Debemos dejarles saber, no sólo con nuestras palabras, sino con nuestras vidas que, a través de Jesús, todos podemos reconciliarnos con Dios *y enseñar a alguien más.* Esa es una revelación que millones de personas no tienen. No se dan cuenta de que tienen un pacto con Dios. No saben que al darle sus vidas a Jesús y caminar en Su sabiduría, pueden vivir verdaderamente una vida de abundancia.

Jesús dijo: «Si ustedes permanecen en mi palabra, serán verdaderamente mis discípulos; y conocerán la verdad, y la verdad los hará libres» (Juan 8:31-32). Sin embargo, la mayoría de las personas están buscando libertad en los lugares equivocados. Piensan que lo que las otras personas les hacen y lo que dicen de ellos es lo que los mantiene cautivos. Ellos piensan que lo que los detiene son las actitudes de las personas, o su estatus financiero, género, falta de educación o su raza.

¿Puede el prejuicio social en estas áreas en nuestra vida causar dificultades? Ciertamente. El racismo especialmente puede causarlas—sea que se base en el color de la piel, la clase económica o cualquier otra cosa. Puede crear grandes dificultades. Sus efectos pueden ser extremadamente dolorosos y difíciles de vencer. Pero, si tomamos la sabiduría de Dios, ésta puede darnos el poder de levantarnos por *encima* de la dureza.

Estoy pensando ahora mismo en otro hombre que, como este general que conocí, demostró una gran fortaleza a lo largo de su vida. Fue el Secretario Asistente de la Marina de los Estados Unidos en el área de Recursos Humanos y Asuntos Reservados. Si no has leído todavía su libro titulado "Más allá de la derrota",[4] necesitas hacerlo. ¡Es uno de esos libros que debiera ser un requisito para toda persona nacida de nuevo, incluyendo la Biblia!

En su libro, Johnny comparte acerca de su padre, quien era muy alto, fornido, y de descendencia africana Watusi. Él tenía unos 60 años cuando Johnny nació y era muy sabio. Esa sabiduría fue muy valiosa especialmente durante los primeros años de vida de Johnny, cuando se metía en problemas en el colegio.

La familia se había mudado a una comunidad muy pequeña, pero realmente difícil, en el sur de los Estados Unidos. Johnny nunca antes había estado en una situación similar y cuando los otros niños de raza blanca empezaron a molestarlo, no supo qué hacer.

---

4 *Beyond Defeat*, James E. Johnson (Nampa: Pacific Press Publishing Association, 2001).

Según recuerdo la historia, él fue a pedirle ayuda a su papá: "Papi, los niños me ponen sobrenombres terribles".

"No, no debes enojarte con ellos Johnny. Esos niños tienen un problema muy grave que no saben cómo resolver".

"¿No saben? ¿Por qué?", le preguntó Johnny.

"Porque su piel blanca absorbe demasiada luz ultravioleta que irradia sus cerebros, y justo al mediodía, cuando ustedes salen al recreo, sus cerebros se sobrecalientan. Ni siquiera se dan cuenta de lo que están haciendo. Pero tú puedes ayudarlos justo en esos momentos; cuando sus cerebros se recalienten, ora por ellos y se siempre muy amable".

Johnny se tomó muy en serio el consejo de su papá; desde ese momento, cuando alguien lo molestaba en el parque del colegio, se rehusaba a permitir que le molestara. Sólo pensaba: *¡Su cerebro está tan caliente, ya es demasiado!, ¡esa debe ser la razón por la que están tan enojados!*" Después solo era amable con ellos y les decía: "¿Puedo ayudarte? ¿Puedo ofrecerte agua u otra cosa?"

Con el tiempo, comenzó a ganarse el favor de los niños blancos. Para finales de ese mismo año se había convertido en el héroe del colegio. Por supuesto, con el tiempo se dio cuenta de que el cerebro de los niños blancos realmente no se recalentaba, pero para ese momento ya había aprendido que el amor está por encima del rechazo.

Después de graduarse, Johnny Johnson ingresó a la Infantería de la Marina de los Estados Unidos, donde no solamente pasó por el infierno del combate, sino que lo hizo cuando la segregación todavía estaba muy arraigada en la vida militar. Verdaderamente Johnny fue una de las razones por las que las barreras de color se rompieron en los cuerpos de la marina. Él ganó más marinos para Jesús de los que hayan sido registrados.

Se convirtió en asistente de la Marina bajo la administración del presidente Richard Nixon, una época estratégica para nuestra nación. La tensión racial había escalado y se había instalado en algunos de los barcos de guerra de la 7ª flotilla, y nadie sabía qué hacer.[5]

Johnny y su director personal decidieron que era el momento de actualizar los archivos de las flotillas, las necesidades, actividades, problemas y desarrollar relaciones con el personal a cargo para que se sintieran cómodos discutiendo algunos de estos

---

5 *Black Sailor, White Navy: Racial Unrest in the Fleet During the Vietnam War Era,* John Sherwood (New York: NYU Press, 2007).

problemas con él. Un equipo de inspección visitaba las bases de las flotillas para reunir la información y buscar soluciones.

La flotilla número 7 tenía su base en Honolulu, y cubría el área de Guam, Okinawa, Japón, Corea, Hong Kong y otras áreas en el Pacífico que alojaban bases de los Estados Unidos. Johnny y su equipo de inspección viajaron a Honolulu, donde se reunieron con el almirante que rápidamente les comentó los problemas que estaba teniendo y las cosas con las que necesitaba ayuda—incluyendo problemas raciales entre el personal. Johnny estaba programado para hacer una inspección a la flotilla, y se enteró de que él era el primer hombre negro que inspeccionaría una flotilla naval de los EEUU.

El equipo de inspección voló de Honolulu hasta Guam para reunirse con el almirante en jefe. Según el protocolo militar, el oficial de mayor rango sale primero del avión, así que Johnny salió del avión y bajó por la rampa. El almirante que estaba esperando por el secretario con sus comandantes y oficiales, lo miró pasar por el frente. Los dos jamás se habían conocido, y el almirante, viendo a un hombre negro, asumió que él no era el Secretario Johnson y continuó esperando a que se bajaran más pasajeros.

Johnny se dio cuenta de lo que estaba pasando, pero en lugar de avergonzar al hombre, se paró a su lado y esperó hasta que todo el mundo se bajara del avión. Al darse cuenta de que nadie más estaba en el avión, el almirante observó con nerviosismo a su alrededor, estudiando cómo proceder. Finalmente decide preguntarle al ayudante de alto rango de Johnny: "¿Eres tú el secretario?" El ayudante le respondió: "No Señor, el secretario está parado allí", señalando hacia Johnny. El almirante titubeó y luego, al ver que el secretario Johnny no se presentaría y en su condición de rango inferior, empezó a caminar en su dirección, disculpándose porque nadie le había dicho que Johnny era negro. Ante las preguntas de Johnny, el almirante admitió titubeando que había pensado que Johnny era algún auxiliar de vuelo.[6]

Como su oficial superior, Johnny pudo haber regañado al almirante por no reconocerlo cuando descendió del avión. Nueve de diez hombres lo hubieran hecho; sin embargo, Johnny estaba en sintonía con el Espíritu de Dios.

Johnny continuó compartiéndome que no bastó la gracia que extendió en medio de semejante situación; el

---

6 *Beyond Defeat*, p. 206.

almirante decidió aferrarse a su intolerancia. Johnny no le respondió; al contrario, se fue a su habitación y oró en el Espíritu. Se recostó en su camarote y pensó en el almirante y lo empezó a rodear con el amor de Dios. Johnny oró por el con el amor de Dios.

Durante la cena esa misma noche, después de que la comida hubiera finalizado y al término de su conversación con el resto de las personas, Johnny se detuvo en la mesa del almirante. Acercándose, le susurró para que nadie más lo escuchara: "Sé que tiene suficientes problemas con los que debe lidiar ahora mismo y no estoy aquí para agregarle uno extra. No vine para lastimarlo; estoy aquí para ayudarlo". El almirante se acercó y se sentó a su lado con lágrimas en los ojos, y le dijo: "Por Dios, Señor Johnson: ¿Podrá perdonarme algún día?"

El amor de Dios obra en las situaciones más difíciles. Johnny también compartió conmigo acerca de una situación en particular muy difícil con la que lidió durante una época de su carrera que enfrentó en el portaviones *USS Forrestal*. La tensión racial en ese barco se había tornado violenta. Un marinero muy joven había sido herido de gravedad cuando lo golpearon con un tubo y su cráneo se había fracturado.

Cuando Johnny arribó, el hombre estaba en la enfermería casi muerto, y todavía no habían encontrado al responsable.

Con el buque completo al borde de una guerra racial, Johnny ordenó a todos a la popa de la nave, y comenzó a leerles a los 1.200 hombres que estaban allí acerca del amor de Dios en el Nuevo Testamento. Por unos instantes, mientras más les hablaba del amor de Dios, los rostros de los hombres parecían más duros. En sus propias palabras: "No sabía si me iban a arrojar por la borda o parecido".

Dándose cuenta de que necesitaba más sabiduría de parte de Dios, retrocedió por unos minutos y oró en el Espíritu Santo. Después, se dirigió a los hombres nuevamente. "Jesús murió por ustedes porque los ama", les dijo. "Sin embargo quiero que sepan que, por Él, yo los amo también. Yo hubiera muerto por ustedes cuando era un soldado raso, y moriría por ustedes también hoy".

Con esas palabras, el poder de Dios se manifestó y los hombres empezaron a caer postrados. Johnny hizo una invitación y los marineros comenzaron a nacer de nuevo y a ser bautizados en el Espíritu Santo. Después, empezaron a ser sanados. Momentos más tarde los marineros blancos y los negros comenzaron a abrazarse y a danzar juntos en el Espíritu.

De repente uno de ellos saltó y exclamó: "¡Secretario Johnson, ayúdeme! Venga ¡rápido! ¡rápido!"

"¿Qué sucede?", le preguntó Johnny.

"Hace unos días, ¡casi mato a ese joven blanco! ¡Ahora él está en la enfermería con su cabeza abierta! ¡Necesitamos orar por el!"

Asi fue que corrieron a la enfermería, y todo el grupo se reunió alrededor de la camilla del hombre herido; se tomaron de las manos y oraron, Dios sanó al hombre de forma milagrosa y se recuperó totalmente. ¡Las noticias corrieron rápidamente acerca del avivamiento en el *USS Forrestal!*

Johnny enfrentó problemas similares en casi cada área que él y su equipo visitaron. Pero, en cada buque, ellos iniciaron un desayuno de oración y disfrutaron a lo grande.

¿Por qué sucedió todo eso?

¡Sucedió porque el padre de Johnny Johnson siguió la PALABRA de Dios y oró en el Espíritu Santo! Buscó la sabiduría de Dios referente a cómo criar un niño en medio una cultura de intolerancia donde las personas eran dominadas por el espíritu de división, y sembró la sabiduría de Dios en el corazón de su hijo, enseñándole que el amor está por encima del rechazo.

En la parte final de su libro, encontrarás lista con los logros de Johnny, página tras página. Leerás cómo él se convirtió en: "El primer hombre negro..." que hizo esto, y: "El primer hombre negro..." que hizo aquello. Rompiendo toda clase de barreras raciales, Johnny ha sido una bendición para un sinnúmero de personas. Recibió más de 800 premios en los últimos 25 años a raíz de sus excepcionales logros y por el servicio prestado a su nación. Johnny ha vencido el espíritu de división, se ha unido a las personas y ha demostrado una y otra vez, lo que la sabiduría de Dios puede hacer.

¡Qué hombre! ¡Qué vida! ¡Qué testimonio!

EJEMPLOS DIGNOS DE IMITAR

Alguien podría decir: "Bueno, es lindo escuchar acerca de personas como Johnny Johnson y el sargento de tres estrellas que conoces, pero esos son casos aislados".

No, no lo son. Te podría contar acerca de muchas otras personas que se han levantado por encima de la fealdad del racismo de similar manera. Durante la segunda guerra mundial, por ejemplo, había un grupo completo de ellos en las Fuerzas Armadas de los Estados Unidos. Los llamaban los *Tuskegge Airmen*[7] (Pilotos de Tuskegee). Las fuerzas armadas inicialmente los habían asignado para ver si los hombres negros podían aprender a ser pilotos.

Obviamente, las bases de ese experimento eran racistas y groseras (¡además de estúpidas!) Sin embargo, en vez de ofenderse, los pilotos de Tuskegee se propusieron ser los mejores pilotos que las Fuerzas Armadas de los Estados Unidos hubieran tenido hasta ese momento; trabajaron tanto y eran tan buenos en lo que hacían que pronto los enviaron a Europa.

Sirvieron en las operaciones especiales 352 *Wing* como la cobertura aérea de los B-17 mientras bombardeaban Alemania. Durante su primera misión de bombardeo de precisión, jamás perdieron a una sola persona. Esto era algo fenomenal. Previamente, los bombarderos perdían vidas en un rango de 50 a 60 por ciento.

---

7 "Who Were They?" The Tuskegee Airmen National Historical Museum, http://www.tuskegeemuseum.org/who-were-they/, (5/4/16).

Uno de los primeros pilotos a los cuales el grupo Tuskegee cubrió desconocía de su identidad y proficiencia, pero muy rápidamente se dio cuenta de que eran buenos. En su regreso desde Alemania a Inglaterra después de haber sufrido la pérdida de uno de sus motores y algunos aviones enemigos lo persiguieron, un par de los pilotos Tuskegee se dieron cuenta de lo que sucedía, derribaron los aviones enemigos, y lo llevaron seguro a la base.

Cuando aterrizaron, el piloto que tenía el motor dañado fue a agradecerle a los pilotos que lo ayudaron. No había forma de confundir los aviones que volaban porque sus colas estaban pintadas de color rojo. Sin embargo, cuando llegó a los aviones, estaba confundido porque descubrió que eran dos hombres negros. Esto sucedió en 1941, y siendo un piloto blanco, jamás había visto pilotos de raza negra.

Uno de ellos le dijo: "¿Estabas en ese B-17 que casi es derribado?"

"Sí", le respondió.

"Bueno, yo soy el que te ayudó".

Todavía más confundido, el piloto blanco respondió: "No; yo

quiero ver al piloto que volaba el avión". Eventualmente, se fue estupefacto. *¿Pilotos negros?* No sabía qué pensar al respecto.

Poco tiempo después, el mismo piloto fue asignado a volar en la primera misión de bombardeo sobre Berlín. Cuando se dio cuenta de que el 352 *Wing* no estaban asignados para cubrirlo, fue a donde el coronel a cargo de la misión y le dijo: "Discúlpeme señor, pero tengo nueve hombres conmigo a bordo de este avión y soy responsable por ellos. Si voy a ir a Berlín, quiero que los pilotos de Tuskegee me cubran, así que respetuosamente le pido que los 352 nos acompañen".

El coronel consintió y Benjamín O. Davis dirigió la misión. En la nariz de su avión escribió en letras grandes: "A pedido". Volaron hacia Berlín y regresaron sin perder ninguna vida.

¿Crees que la sabiduría de Dios tuvo algo que ver con todo esto? ¡Ciertamente! Si lo dudas, pregúntale a Daniel "chappie" James, hijo.[9] Él fue el primer General negro en la Fuerzas Armadas de los Estados Unidos. Él es uno de los pocos que ha existido, cuyo rango era lo suficientemente alto como para darle ordenes al presidente de los Estados Unidos.

---

9 "Daniel "Chappie" James, Jr." The National Aviation Hall of Fame: Honoring Aerospace Legends to Inspire Future Leaders, http://www.nationalaviation.org/james-jr-daniel/ (5/5/16).

Una persona a la que Chappie acredita por su éxito es su madre llena del Espíritu Santo. Cuando crecía en Florida, ella solía invitar a los niños del barrio que no tenían ningún lugar para ir al colegio y los reunía en su patio. Les enseñaba a leer y escribir, y les decía: "¡Tú eres alguien! ¡Eres alguien en Dios! Cuando Él te dé una oportunidad de hacer algo, tómala y da lo mejor que tienes. Trabaja con todo tu corazón".

¡Tres Generales salieron de ese patio!

Uno de ellos entró un día a la oficina de Chappie. Acababa de recibir su tercera estrella y Chappie acababa de recibir su cuarta. Mientras se felicitaban entre sí, ambos estuvieron de acuerdo en que si no hubiera sido por Mamá James, jamás habrían recibido esas estrellas. Ella fue la que les enseñó que sin importar dónde habían empezado en la vida, si buscaban a Dios y continuaban caminando con Jesús, Él los promovería.

Realmente, lo que Mamá James les enseñó a esos Generales es muy parecido a lo que el Apóstol Pablo escribió en 1 Corintios 1:24-25: «Cristo [el Ungido y Su unción] es poder de Dios, y sabiduría de Dios. Porque lo insensato de Dios es más sabio que los hombres, y lo débil de Dios es más fuerte que los hombres».

«Consideren, hermanos, su llamamiento: No muchos de ustedes son sabios, según los criterios humanos, ni son muchos los poderosos, ni muchos los nobles; sino que Dios eligió lo necio del mundo, para avergonzar a los sabios; y lo débil del mundo, para avergonzar a lo fuerte. También Dios escogió lo vil del mundo y lo menospreciado, y lo que no es, para deshacer lo que es, a fin de que nadie pueda jactarse en su presencia. Pero gracias a Dios ustedes ahora son de Cristo Jesús, a quien Dios ha constituido como nuestra sabiduría, nuestra justificación, nuestra santificación y nuestra redención, para que se cumpla lo que está escrito: «El que se gloría, que se gloríe en el Señor» (versículos 26-31).

Cada vez que pienso en creyentes como Chappie James, Johnny Johnson y otros de su talla, sus ejemplos me inspiran. Ellos no solamente vencieron el espíritu de división y caminaron en la BENDICIÓN de Dios en sus vidas, sino que se convirtieron en una bendición para un sinnúmero de personas. Cuando la intolerancia y el racismo trataron de derribarlos, se levantaron por encima de éstas. Se convirtieron en sal para la tierra y luz para la oscuridad—¡gracias a la sabiduría y la Unción de Dios!

Capítulo 4

UNA LECCIÓN DEL MAESTRO

«Pero ¿cómo puede habitar el amor de Dios en aquel que tiene bienes de este mundo y ve a su hermano pasar necesidad, y le cierra su corazón? Hijitos míos, no amemos de palabra ni de lengua, sino de hecho y en verdad».

1 Juan 3:17-18

Todos hemos sentido el aguijón como blancos del espíritu de división. Por supuesto, no todos lo sentimos en el mismo nivel. Para algunas personas es más fácil que para otras.

Por ejemplo, en mi vida, mi color de piel jamás ha sido un problema. A pesar de que tengo sangre Cherokee, solamente una vez en mi juventud sentí que me faltaron el respeto cuando fui al cine. Me molestaba que, en las películas del oeste, cuando los indios mataban a los vaqueros, lo llamaban "masacre" y cuando los vaqueros mataban a los indios lo llamaban "victoria". Más allá de eso, mi raza jamás me ha causado ningún tipo de problema. Sin embargo, ahora visito algunos lugares de los Estados Unidos en los que sé cómo las personas se sienten acerca de los indios y empiezo a sentir esa sensación espeluznante—la verdad preferiría salir de allí. Sin embargo, he tenido que detenerme para no pensar de esa manera, ya que eso es pensar como un hombre corriente. Debemos aprender a pensar como hombres y mujeres de Dios, porque hemos sido hechos la justicia de Dios (2 Corintios 5:21).

Sin embargo, cuando se trata de asuntos espirituales, es otra historia. Como predicador, he lidiado muchísimo con el racismo religioso y el prejuicio. A través de los años, he sido descartado por denominaciones completas y se me ha dicho que no soy bienvenido en sus iglesias. Me han puesto sobrenombres, ridiculizado, han mentido acerca de mí, ya sea verbalmente o por escrito. Mi ministerio sufrió la persecución de un miembro del Senado de los Estados Unidos.

Aún así, quiero dejar muy claro que, aunque nada de esto ha sido placentero, estas cosas no se comparan con lo que muchos creyentes han experimentado. Existen cristianos en todo el planeta que enfrentan tanta intolerancia y persecución que me dirían: "hablas de superar el racismo, pero no sabes cómo me siento. No entiendes lo mal que me han tratado y por lo que he pasado".

¿Sabes lo que les respondería a esas personas? Les diría: estás absolutamente en lo cierto; basado en mi experiencia, no sé por lo que han pasado. Sin embargo, Jesús lo sabe. Lo que Él enfrentó como nuestro Salvador, Redentor y Sumo Sacerdote, fue peor que cualquier otra cosa que algún ser humano haya sufrido alguna vez. Él "soportó por los pecadores tal oposición tan cruel y hostilidad tan amarga" que le costó cada gota de Su Sangre (Hebreos 12:3, *AMPC*).

Jesús sabe por Sí mismo lo que es ser odiado e injuriado por gente impulsada demoniacamente. Él conoce la clase de persecución violenta que el diablo puede producir. Experimentó la fuerza completa de ésta y la venció. Así que, sin importar cuánto te hayan lastimado o lo que hayas pasado, siempre puedes pedirle ayuda:

> Porque él mismo [en Su humanidad] ha sufrido el ser tentado (puesto a prueba y tentado), Él puede [inmediatamente] correr al llanto (asistir, aliviar) de aquellos que son tentados y probados [y por consiguiente han estado expuestos al sufrimiento]… Porque no tenemos un Sumo Sacerdote que no puede entender y tener simpatía y compatir los sentimientos de nuestras debilidades, dolencias y el riesgo de los asaltos de la tentación, sino Aquel que ha sido tentado en cada área como nosotros, aún asi no pecó (Hebreos 2:18; 4:15, *AMPC).*

¡Jesús es el Maestro! No solamente conquistó el pecado, sino que derrotó completamente a Satanás. Aplastó bajo sus pies al espíritu de división que opera detrás del racismo, y Él también nos puede enseñar a cada uno de nosotros a mantenerlo bajo nuestros pies.

Las personas puede que se pregunten cómo Jesús puede enseñarnos acerca del racismo, si esa palabra ni siquiera existe en la Biblia. Bueno, veamos Lucas 10:25; allí encontramos una conversación que Jesús tuvo en la que habló del problema del racismo sin ni siquiera mencionar la palabra. La conversación comienza un día en el que Jesús estaba ministrando, cuando: «un intérprete de la ley se levantó y, para poner a prueba a Jesús, dijo: «Maestro, ¿qué debo hacer para heredar la vida eterna?»

La palabra *prueba* en este versículo indica que la pregunta del intérprete de la ley no era realmente sincera. Obviamente él no estaba buscando una respuesta. Él estaba tratado de atrapar a Jesús en una esquina doctrinal al preguntarle algo ilógico: «¿qué debo hacer para heredar …?»

Cada abogado, y especialmente estos expertos de la ley judía en ese tiempo, sabían que desde la perspectiva legal tal pregunta no tenía sentido. Nadie se hacía heredero por lo que hacía. Las personas eran herederas por quienes eran. Por ejemplo, en lo natural, yo soy el heredero de A.W. Copeland. Heredé mi parte de lo que le pertenecía, no porque hice algo, sino simplemente porque soy su hijo y él era mi padre. Nací de él.

Espiritualmente, soy un heredero de Dios por la misma razón. No me gané el derecho de ser hijo de Dios. No califiqué para heredar Su vida por algo que haya hecho. Yo solamente acepté lo que Jesús hizo y cuando lo acepté, Él me dio a luz.

Nacer de nuevo es la única manera para heredar la vida eterna. Y como estamos por verlo, Jesús no le mencionó esto al abogado. Él no dijo, como lo hizo con Nicodemo: «es necesario que ustedes nazcan de nuevo» (Juan 3:7), porque el abogado no estaba buscando a Dios de corazón. Él solamente estaba buscando iniciar un debate religioso, legalista. Así, que en vez de hablarle acerca del nuevo nacimiento, Jesús le dijo:

> «¿Qué es lo que está escrito en la ley? ¿Qué lees allí?» El intérprete de la ley respondió: «Amarás al Señor tu Dios con todo tu corazón, con toda tu alma, con todas tus fuerzas y con toda tu mente, y a tu prójimo como a ti mismo.» Jesús le dijo: «Has contestado correctamente. Haz esto, y vivirás» (Lucas 10:26-28).

Jesús habría podido terminar la conversación con esas palabras, sin embargo, el abogado no estaba satisfecho. Él conocía la reputación de Jesús de ser amable con las personas que no lo merecían y amar a la gente que era considerada por la mayoría de los religiosos judíos de esos tiempos como algo equivalente a los perros. Así que, para justificarse, el abogado le preguntó a Jesús: "¿Quién es mi prójimo?"

> Jesús le respondió: «Un hombre descendía de Jerusalén a Jericó, y cayó en manos de unos ladrones, que le robaron todo lo que tenía y lo hirieron, dejándolo casi muerto. Por el camino descendía un sacerdote, y aunque lo vio, siguió de largo. Cerca de aquel lugar pasó también un levita, y aunque lo vio, siguió de largo. Pero un samaritano, que iba de camino, se acercó al hombre y, al verlo, se compadeció de él y le curó las heridas con aceite y vino, y se las vendó; luego lo puso sobre su cabalgadura y lo llevó a una posada, y cuidó de él. Al otro día, antes de partir, sacó dos monedas, se las dio al dueño de la posada, y le dijo: "Cuídalo. Cuando yo regrese, te pagaré todo lo que hayas gastado de más." De estos tres, ¿cuál crees que fue el prójimo del que cayó en manos de los ladrones?» Aquél respondió: «El que tuvo compasión de él.» Entonces Jesús le dijo: «Pues ve y haz tú lo mismo» (versículos 30-37).

RECORRIENDO LA SEGUNDA MILLA

Pueda que estés pensando, *realmente no puedo ver la conexión de todo esto con el racismo.*

¡Está totalmente conectado! En la época de Jesús el racismo corría rampante entre los judíos y los samaritanos. Los judíos veían a los samaritanos como una raza de segunda, que había nacido inferior racial y religiosamente. Sucesivamente, los samaritanos odiaban a los judíos. Los dos grupos se detestaban tanto, que debían vivir en lugares separados del país y practicaban un estilo de vida segregado.

El maestro de la ley estaba atrapado en medio de esta situación. Cuando iba a donde los samaritanos, era totalmente intolerante. Y aún así se jactaba de cumplir con los 10 mandamientos. Probablemente pensó que como ningún samaritano vivía en su barrio, podía menospreciarlos y aún así reclamar legalmente, que amaba a su prójimo.

Jesús confrontó esta perspectiva de injusticia hablándole acerca del buen samaritano. Yo sospecho que el abogado conocía al hombre. ¡A lo mejor estuvo involucrado en el incidente de alguna manera!

Sea cual sea que haya sido el caso, una cosa es segura: Si la situación hubiera sido al contario y un samaritano hubiera sido atacado y herido por ladrones, el abogado no lo habría rescatado. Es más, él sabía… que lo habría puesto en un aprieto. ¿Cómo podía él, siendo un judío tan respetado, considerar a los samaritanos como su prójimo? ¡Él no podía ir por ahí mostrando compasión por los samaritanos! Eso era algo impensable. No era su naturaleza. Él era demasiado fanático.

Esto, por supuesto, era el meollo del problema del abogado. Él necesitaba una nueva naturaleza. Necesitaba creer en Jesús y nacer de nuevo. Entonces, podría amar a su prójimo (incluyendo a los samaritanos), como a sí mismo.

Una de las grandes ventajas de ser un creyente nacido de nuevo es que debido a que Jesús vive en nosotros, podemos amar a cualquier persona, en cualquier lugar, en cualquier momento. Podemos amar desde el pordiosero en la esquina de la calle, hasta el fanfarrón en la esquina de la oficina. Después de todo: «Dios ha derramado su amor en nuestro corazón por el Espíritu Santo» (Romanos 5:5). Nosotros hemos heredado la naturaleza de nuestro Padre celestial. Somos hijos amorosos de un Dios amoroso, y tenemos en nuestro interior lo que se requiere para guardar *todos* Sus mandamientos.

Muchos cristianos sienten que la palabra *mandamiento* suena demasiado fuerte y complicada y creen que los diez mandamientos no aplican bajo el Nuevo Pacto.

Ciertamente estamos bajo el Nuevo Pacto, pero eso no significa que debemos olvidar el resto de los mandamientos de Dios. Al contrario, en el Nuevo Testamento repetidamente se nos recuerdan. Por ejemplo, en Juan 14:21, Jesús les dijo a Sus discípulos antes de ir a la cruz: «El que tiene mis mandamientos, y los obedece, ése es el que me ama». Y 1 Juan 3:23 dice: «Éste es su mandamiento: Que creamos en el nombre de su Hijo Jesucristo, y nos amemos unos a otros como Dios nos lo ha mandado».

Romanos 13 agrega:

«No adulterarás», «no matarás», «no hurtarás», «no dirás falso testimonio», «no codiciarás», y cualquier otro mandamiento, se resume en esta sentencia: «Amarás a tu prójimo como a ti mismo.» El amor no hace daño a nadie. De modo que el amor es el cumplimiento de la ley (versículos 9-10).

Sin quererlo, los diez mandamientos son víctimas de una mala reputación en los últimos años. Por la forma en la que han sido presentados, la gente tiene la impresión de que Dios los usa para intimidarnos. Piensan que Dios los mantiene sobre nosotros como un gran bastón, con una actitud de: "¡si das un mal paso o rompes uno solo de mis mandamientos, estarás en un problema grandísimo!"

Sin embargo, eso es contrario a la naturaleza de Dios. No es una figura correcta de nuestra relación de pacto con Él. ¡Nuestro pacto con Él, se basa en Su deseo contundente de BENDECIRNOS! Está diseñado para levantarnos y no para derribarnos.

Si quieres ver una figura de nuestro pacto con Dios, observa el pacto que Él hizo con Abrahán. Bajo ese pacto, Abrahán no solamente le encomendó todo lo que tenía a Dios, sino que Dios le encomendó todo lo que Él tenía a Abrahán. A pesar de que obviamente Abrahán obtuvo lo mejor del trato, eso es lo que Dios quería. Su propósito en instigar el pacto era BENDECIR a Abrahán y finalmente, a la humanidad— incluyéndonos a ti y a mí.

Gálatas 3 lo explica:

>«Ahora bien, las promesas fueron hechas a Abrahán y a su simiente. No dice: «Y a las simientes», como

si hablara de muchos, sino: «Y a tu simiente», como de uno, que es Cristo... Y si ustedes son de Cristo, ciertamente son linaje de Abrahán y, según la promesa, herederos» (versículos 16, 29).

En el momento en que nos demos cuenta de lo que significa ser «según la promesa, herederos», cumplir los mandamientos de Dios deja de ser difícil y complicado. Dejamos de preocuparnos por cuánto nos costará amar a nuestro prójimo y empezamos a pensar: *¿Qué importa cuánto me cueste? ¡No tengo limites! Tengo un pacto con Dios. Él me suple con todo lo que necesito para amar a la gente y bendecirlos. Después, ¡Él me bendecirá por hacerlo!*

Esto es lo que Pablo estaba tratando de explicar en Efesios 6:8 cuando dijo: «sabiendo que cada uno de nosotros, sea siervo o libre, recibirá del SEÑOR según lo que haya hecho». De eso estaba hablando Jesús cuando dijo: «al que quiera provocarte a pleito para quitarte la túnica, déjale también la capa; y a cualquiera que te obligue a llevar carga por una milla, ve con él dos» (Mateo 5:40-41).

Jesús nos estaba diciendo en esos versículos que cambiemos nuestra manera de pesar, que nos deshagamos de la escasez. Que nos saquemos de arriba la idea de que, si solo tenemos dos abrigos y los regalamos, terminaremos congelándonos en el invierno. Recibe la revelación del hecho de que si das los dos abrigos en el Nombre de Jesús, terminarás con más abrigos de los que alguna vez puedas usar porque la provisión que vendrá a ti por dar el segundo abrigo, será más grandiosa que la recibirías por dar el primero.

Lo mismo es cierto acerca de las millas. La recompensa por caminar la segunda milla será más grande que la recompensa por caminar la primera. ¿Por qué? Porque cuando rompes con el legalismo, y la mentalidad miserable de hacer tan poco como puedas por los demás y empiezas a buscar por oportunidades para amar a las personas y darles más, caminas en la fe y en el amor de Dios. Caminas en Su pacto de BENDICIÓN. Estás visualizando lo que Él realmente tenía en mente cuando nos dio los diez mandamientos.

Dios no está diciendo: "No te atrevas a robar. No te atrevas a codiciar. Si lo haces, ¡te mataré!" Él no estaba amenazándonos. Él estaba hablándole a la gente que estaba en un pacto con Él y básicamente les estaba diciendo:

Yo soy tu proveedor. Yo soy tu protector. Así que si permaneces conmigo lo haremos juntos. No violes mi

naturaleza amorosa, al hacerle daño a otras personas.
No te salgas por fuera de este pacto donde puedo
ayudarte. No debes codiciar la mujer de otro hombre.
Te daré una más hermosa que ella. No tienes que
robar, te daré cada cosa buena que tu corazón desea.
Si alguien te roba, perdónalo, considera lo que te robó
como un regalo y te lo devolveré multiplicado al ciento
por uno. Te amo con todo lo que tengo. Así que ámame
con todo lo que tú tienes. Ama a tu prójimo y déjame
amar a tu prójimo a través tuyo. ¡Te supliré para que
tú lo suplas a él!

NO SE TRATA DE SENTIMIENTOS

De alguna manera el buen samaritano había recibido esta revelación, y entendía el valor de caminar esa milla extra. Así que no sólo cumplió con su deber civil al decirle a las autoridades acerca del hombre que vio herido a la orilla del camino. También lo cuidó. «Se compadeció de él» (Lucas 10:33).

¿Qué es exactamente *la compasión*?

Primero, déjame decirte lo que no es. No se trata de tener buenos sentimientos hacia alguien. A pesar de que las emociones eventualmente se involucran, no es así como comienza la compasión. Ésta empieza cuando tomamos la decisión de elevarnos por encima de nuestros sentimientos. Comienza cuando decidimos que caminaremos conforme al amor de Dios que está en nosotros, sin importar nuestro estado emocional temporal. Es actuar en el amor de Dios— no según nuestras emociones negativas—aún cuando enfrentamos al racismo y la contienda.

Si quieres ver una imagen viva de la compasión, lee acerca de lo que Jesús hizo cuando recibió la noticia de que su primo Juan había sido brutalmente asesinado por Herodes. "Se fue de allí en una barca, a un lugar apartado. Aún así: «Cuando la gente lo supo, lo siguió a pie desde las ciudades. Cuando Jesús salió de la barca y vio a tanta gente, tuvo *compasión* de ellos y sanó a los que estaban enfermos» (Mateo 14:13-14).

Jesús no era menos humano que nosotros. Él experimentó las mismas emociones que nosotros hubiéramos experimentado bajo esas circunstancias. Por esa razón se subió a la barca y se fue de la ciudad. Quería estar a solas y orar. Sin embargo, Él había decidido hacer lo que Su Padre haría en cada situación.

Así que, cuando las personas enfermas llegaron, Él actuó en esa decisión y los sanó. La compasión no es un sentimiento; es una persona. Dios es amor.

Si vamos a vivir bajo la ley de la compasión del amor de Dios que habita en nosotros, tendremos que seguir Su ejemplo. Tendremos que tomar la decisión de movernos por compasión y nada más, porque muchas veces nuestras emociones irán ciento por ciento en dirección opuesta.

Piensa cómo se sintió el Samaritano cuando vio al hombre tendido en la zanja. Él no sabía ni su identidad, ni porqué los ladrones le habían quitado su ropa, y por consiguiente no tenía nada con qué guiarse para establecer su estrato social. Así que el samaritano no sabía si el hombre era rico o pobre. No sabía si el hombre era un gentil, otro samaritano o un judío racista que le escupiría tan pronto como lo viera.

Pero eso no le importó. Él tomó la decisión de *amar a su prójimo*. Y gracias a esa decisión, ayudó al hombre.

Eso es lo que hace la compasión—¡Actúa!

Para el samaritano, actuar significó acostar a un extraño ensangrentado en su burro (hoy en día equivaldría a recostarlo en tu auto). Significó vendar las heridas del hombre, derramar aceite y vino en ellas, registrarlo en un hotel, y pagar la cuenta con su dinero.

El samaritano no se detuvo a pensar cuánto le costaría todo eso. No se preocupó en proteger sus cosas ni se quejó porque el hombre le manchó el asiento. Tampoco pensó si sus amigos samaritanos aprobarían su amabilidad con alguien que no fuera "como ellos".

La compasión es lo contario al espíritu de racismo, contienda y división. La compasión se olvida acerca de lo que es "mío" y dice: "tengo que llevarle el amor de Dios a esta persona".

LAS COSAS PEQUEÑAS PUEDEN MARCAN UNA GRAN DIFERENCIA

¿Te imaginas lo que sucedería si cada uno de nosotros decidiera vivir movido por la compasión? ¡Podríamos acabar con el juego del racismo y hacer que el diablo se vuelva loco! Podríamos detener al espíritu de división todos los días. Es posible que no siempre tengamos la oportunidad de hacer algo tan dramático como lo que hizo el buen samaritano; sin embargo, las acciones dramáticas no siempre son necesarias. Algunas veces las cosas pequeñas hacen una gran diferencia.

Hace algunos años, escuché a un ministro dar un testimonio en una reunión contra las adicciones a la que Gloria y yo estábamos asistiendo. Él contó cómo siendo un adolescente no salvo y creciendo en una de las áreas difíciles de Chicago, una vez le había disparado a un joven blanco con una pistola casera. "¡Por favor Señor, por favor!", su víctima clamaba mientras sangraba en el suelo: "Por favor, no me dispare otra vez".

Para un adolecente que había sufrido todo tipo de falta de respeto de parte de cada hombre blanco que había conocido, escuchar esas palabras eran el equivalente a inyectarse heroína. Inmediatamente se volvió adicto a la sensación. "Cuando el joven blanco me llamó Señor, tomé una decisión que alteraría mi vida y la decisión fue que usaría la violencia para ganarme el respeto que me había sido negado por tanto tiempo. Decidí: *apuntarle con mi arma a cada hombre blanco al que pudiera*".

En los instantes que este hombre compartía su testimonio, la compasión de Dios creció en mi interior. Pensé: *Si alguien hubiera tratado a este joven de "señor" y de forma digna, esto habría cambiado para siempre el curso de su vida. Y probablemente no habría decidido empezar a dispararle a la gente.* En ese momento, hice una decisión delante del Señor. Dije: "SEÑOR, desde hoy en adelante, cuando interactúe con un joven o una joven, no me referiré a ellos como niños. No voy a llamarlos solamente por su primer nombre. Los llamaré *Señor* y *Señorita*".

Puedes considerarlo un poco extremo o ridículo y pensar: *No llamaría jamás a ningún niño "señor"*.

La compasión lo hará.

La compasión te moverá a hacer cualquier cosa que el SEÑOR te diga que hagas para que un joven se sienta mejor acerca de sí mismo. La compasión te llevará a tratar a los jóvenes de la manera que Dios los ve—no como un montón de adolescentes tatuados y llenos de *piercings,* sino como hombres y mujeres jóvenes que pueden caminar en victoria y en el poder de Dios.

"La compasión es la peor pesadilla del diablo". Él no puede vencerla.

Por ejemplo: estoy pensando acerca de un cambio poderoso que sucedió en la vida de mi amigo Joe Nanowski, a consecuencia de la compasión. Él ya se fue a casa con el Señor, pero en una ocasión, hace muchos años, él había llegado a Detroit para asistir a una convención. Mientras comía en un restaurante, se percató de una familia que estaba sentada en otra mesa. Atraído a ellos por el amor del SEÑOR, se detuvo a hablarles después de que finalizó su comida.

Saludó al papá, la mamá y sus dos pequeños niños, y después le dijo al padre: "no pude evitar darme cuenta de la hermosa familia que tienes y pensé en invitarte a una reunión que tendremos aquí esta noche. Hablaremos acerca de Jesús y están invitados. Pero antes que todo, quiero decirte que tienes una familia maravillosa".

Joe era esa clase de hombre que siempre estaba riéndose, amando a los demás y divirtiéndose. Así que mientras decía todo esto, él estaba bromeando con los chicos y robándoles sus papas fritas del plato. Ellos se reían y disfrutaban de la atención. Cuando se despidió, abrazó a los pequeños y les dijo que apreciaba haberlos conocido. Eso fue todo lo que hizo. Le tomó menos de cinco minutos. Sin embargo, resultó que cinco minutos de compasión lo cambiaron todo.

La familia fue a la reunión esa noche y recibieron a Jesús como su Señor y salvador y fueron bautizados en el Espíritu

Santo. Después, el esposo le dijo a Joe: "cuando se acercó a nuestra mesa tenía un arma cargada en mi bolsillo. Mi familia no lo sabía, pero esa sería nuestra última comida juntos. Había hecho unos malos negocios con un abogado blanco que tenía su oficina al frente del restaurante; yo había decidido que después de cenar, iría a su oficina, le dispararía y me quitaría la vida".

Joe le preguntó: "¿Qué hizo que cambiaras tu decisión?"

"Usted, cuando se comía las papas de los platos de mis hijos", le respondió.

"¿Y cómo se relacionan ambas acciones?"

"Hasta ese momento estaba convencido de que ningún hombre blanco se interesaba por mí. Pensé que podría igualar el marcador al asesinar al abogado y después matarme. Sin embargo, cuando llegó y comenzó a jugar con mis hijos y fue tan amable, algo sucedió en mi interior. Mi corazón se derritió".

¡Piénsalo! El diablo había trabajado en ese hombre durante muchos años para que se convirtiera en un asesino y un suicida. Él usó el espíritu de división y la fealdad del racismo para secuestrar el destino del hombre y ponerlo camino al infierno. A pesar de todo, un acto de compasión deshizo todo el trabajo. Derritió el odio en ese hombre y puso a su familia completa en un camino totalmente distinto. Lo último que supe de él, es que estaba sirviendo al SEÑOR en un ministerio de tiempo completo.

¡Eso es lo que hace la compasión!

Capítulo 5

NO MUERDAS EL ANZUELO

«No hagan nada por contienda o por vanagloria. Al contrario, háganlo con humildad y considerando cada uno a los demás como superiores a sí mismo. No busque cada uno su propio interés, sino cada cual también el de los demás».

Filipenses 2:3-4

Imagínate si cada uno de nosotros estuviera más disponible para Dios para hacer la clase de cosas que hizo Joe Nanowski. Piensa lo que pasaría si los creyentes de todas partes se acercaran a los demás con compasión, de la manera que Joe se acercó a esa familia en el restaurante. Podríamos transformar vidas a donde sea que fuéramos.

Sin embargo, para hacerlo, la mayoría deberíamos hacer ajustes en nuestra forma de pensar. Tenemos que ser más sensibles a lo que está sucediendo con las otras personas que se cruzan en nuestro camino, estar menos preocupados por las cosas que nos afectan y más atentos a las cosas que los afectan a ellos.

Como ya lo hemos visto, eso fue lo que hizo el samaritano en Lucas 10. Cuando se encontró con el hombre herido en el camino, no sólo lo ayudó a ponerse en pie y lo envió a que continuara su camino. Él no ignoró sus heridas y moretones, le dio un golpecito en la espalda y le dijo; "¡espero que tengas un buen día!" Al contrario, fue sensible a la condición del hombre, se tomó el tiempo para averiguar qué le había sucedido, qué necesitaba y respondió consecuentemente.

Si vamos a cerrar las brechas que se han creado por el espíritu de división, necesitaremos hacer lo mismo, al punto de ponernos en los zapatos de la otra persona y descubrir cómo piensa, para que así podamos ser la bendición que queremos ser. Ésto es especialmente cierto en lo referente a las razas. Si no entendemos la perspectiva de la gente de otro color, podemos terminar haciendo cosas que son ofensivas para ellos simplemente porque no sabemos. Podemos lastimarlos por accidente, sólo porque no entendemos su punto de vista.

Esto pasa todo el tiempo en los Estados Unidos. Algunas veces, una persona blanca hace un comentario aparentemente racista sin saber que dijo algo malo. Por ejemplo, una persona negra lo escuchará y concluirá que la persona blanca es un fanático intolerante que intencionalmente está tratando de insultarlo. Pensarán: *Ninguna persona puede decir algo tan insensible sin saber exactamente lo que está haciendo. ¡Nadie puede ser tan ignorante!*

Sin embargo, esa misma persona negra tal vez no sepa que aquellos que crecimos en una cultura predominantemente blanca, ¡realmente podemos *ser* así de ignorantes!

En general, no fuimos criados para pensar demasiado acerca de cómo las personas de las otras razas nos perciben. A diferencia de la mayoría de estadounidenses negros que enfrentaron prejuicio desde pequeños y tuvieron que aprender a relacionarse con las personas blancas, los estadounidenses blancos no han tenido esa experiencia. Ellos tienden a prestarle menos atención a las implicaciones raciales que tienen las cosas que dicen. Como resultado, pueden ser ofensivos con la gente que tiene diferente color de piel sin siquiera saberlo.

Por supuesto, tales errores no son propiedad exclusiva de la gente blanca. Todos, sin importar el color de la piel, pueden ser ofensivos en algunas ocasiones, así que no deberíamos ser bruscos entre nosotros. Si alguien nos dice algo ofensivo, debemos creer lo mejor y asumir que esa persona no trató de lastimarnos de manera intencional. Tales asunciones son particularmente seguras en la iglesia porque ningún hijo de Dios nacido de nuevo realmente puede ser racista. Ningún cristiano, sin importar cómo fue criado para pensar o hablar acerca de las personas de otra raza, realmente puede ser un fanático intolerante en el fondo.

La intolerancia, genuinamente hablando, es una unción del diablo. Es una condición de dureza, mezquindad, una posesión demoniaca. Si alguna vez te encuentras con alguien *realmente* intolerante, jamás lo olvidarás. Él puede mirante y decir: "Buenos días" y hacer que tu sangre se congele. Lo podrás sentir con sólo estar a su alrededor; hay un diablo operando en el interior de esa persona que te asesinará si tiene la oportunidad.

Una vez predicaba en una cárcel, cuando conocí a un hombre que había sido poseído por un espíritu de intolerancia que lo envió a prisión por 24 años. Lo tenían que tener en confinamiento solitario, porque si se le acercaba algún hombre negro o trigueño, lo mataría en el acto. Sin embargo, durante su año de confinamiento, nació de nuevo y fue lleno con el Espíritu Santo. La primera vez que lo dejaron salir fue para escucharme predicar. Durante la reunión, se sentó con un hombre negro a un lado y uno trigueño al otro. Mientras yo predicaba, me le acerqué y le dije: "¡todo esto es grandioso, verdad!" Él abrazó al hombre que estaba a su lado, dio un salto y dijo: "¡Sí, gloria a Dios! ¡Todas estas cosas son lo más grandioso que he escuchado en toda mi vida!"

Ese hombre era más libre en la prisión que cuando caminaba por la calle. Él no solamente amaba a Jesús, sino que amaba a los hombres que estaban sentados con él. Ya no era más un fanático intolerante. Todavía era bastante tosco en algunas áreas, pero su corazón estaba bien.

Esto también pasa entre los creyentes hasta cierto punto. Todos todavía somos un poco toscos en algunas áreas. Todos estamos en proceso de aprender a cómo sensibilizarnos por los demás, como debiera ser. Sin embargo, nuestro corazón está bien. No somos unos fanáticos intolerantes, así que básicamente no tenemos por qué reaccionar de esa manera. Podemos creer lo mejor de los demás, ser graciosos y perdonarnos cuando uno de nuestros hermanos o hermanas hace algún comentario racial o dice algo insensible.

Al mismo tiempo, no deberíamos contentarnos con permanecer en la ignorancia. Deberíamos prestarle atención y aprender a hablar y comportarnos de maneras que ministremos vida y compasión a la gente de todas las razas y culturas, y viceversa. Todos nosotros deberíamos aprender a relacionarnos con el prójimo de tal manera que, si la gente ha sido lastimada por el espíritu de división, podamos brindarles sanidad en vez de causarles más dolor.

¿Cómo aprendemos a hacerlo? Realmente es simple. Si eres blanco y no entiendes mucho acerca de cómo se sienten las personas negras, trigueñas, amarillas o rojas, ve y pídele a alguien de esas razas que comparta su sabiduría contigo. Si eres miembro de una raza que no es blanca, ve y habla con alguien blanco. Debes estar abierto a su punto de vista. Diles que no quieres ser desagradable ni herirlos; después dales permiso de corregirte si te escuchan decir algo ofensivo. Sé lo suficientemente humilde como para dejarles que te ayuden a ser más considerado.

ENCARGÁNDOTE DE TUS ASUNTOS

Pero, ¿qué pasa con la gente que dice o hace cosas ofensivas a propósito? ¿Qué sucede si ellos saben que están lastimando a los demás y no les importa?

Te contaré lo que el SEÑOR me dijo al respecto hace muchos años. Me dijo: *Si les importas a las personas o no, no es tu asunto. Tu asunto es que ellos te importen a ti. Tu asunto es tener compasión de ellos y rehusarte a ofenderte.*

Sin importar cuán ofensiva la gente pueda ser, nunca debes, por ninguna razón, permitirte ofenderte con ellos. No vale la pena. Cuando te dicen algo desagradable y reaccionas con enojo y discordia, le das poder a sus palabras negativas. Sus palabras se convierten en tu problema porque te pones de acuerdo con ellas. Recibes lo que dijeron. Al ofenderte, te haces socio con ellos y le abres tu puerta a la obra del diablo. Le darás al espíritu de división permiso de obrar en tu casa, y empezarás cuesta abajo porque una casa dividida no puede permanecer.

¡No caigas en esa trampa! ¿Qué diferencia hace lo que alguien más esté diciendo acerca de ti? De acuerdo con Marcos 11:23, tienes lo que *tú dices*, no lo qué *ellos* dicen.

Hace muchos años descubrí que la gente puede llamarme como quiera y eso no me afecta en lo absoluto—a menos de que yo se lo permita. Puedes llamarme pobre, viejo, gordo, predicador tonto y ni siquiera me enojaré. Escogeré ignorarlo. Continuaré creyendo y confesando la verdad: ¡Soy BENDECIDO, inteligente, próspero y guapo!

Por otra parte, si veo que puedo ayudarte, te responderé con amor y te diré: "¿Qué puedo hacer por ti? ¿Cómo puedo BENDECIRTE?"

Personalmente, me gusta tomar esa clase de actitud hacia las personas ofensivas porque aún si eso no hace nada para ayudarlas, evita que me enrede en la basura que ellos están escarbando. Me mantiene libre de la contienda para que pueda responder con compasión y orar: *Señor, ayuda a esas personas. ¡Realmente te necesitan, o a lo mejor sus cerebros se han recalentado!*

Uno de los colaboradores de este ministerio me compartió cómo tomó este enfoque una vez durante una discusión laboral en su compañía. Mientras se llevaba a cabo la reunión, en vez de tomar parte en la pelea, sólo se sentó en silencio a orar en el Espíritu Santo. Sólo continuó atando al diablo y amando a todo el mundo. La reunión se alargó durante días sin producir ninguna solución y, mientras los argumentos entre la dirección y los obreros fomentaban el odio, la atmósfera se hizo más volátil (o como nuestro colaborador lo describió: "¡gracias a Dios que nadie tenía un arma!"). Eventualmente, ambos bandos prácticamente se ahorcaron.

Para el momento en el que parecía que la compañía terminaría destruida, nuestro colaborador notó a otra persona sentada al otro lado de la habitación y sintió que él también estaba orando. Consiguió llamar la atención de esta persona y se sentaron juntos para poder hablar. "¿Te conozco?", preguntó nuestro colaborador.

"No, no lo creo", le respondió. "Pero me parece que te conozco en el SEÑOR".

Resultó que uno de ellos estaba con los obreros y el otro con los directivos. Así que rápidamente se pusieron a intercambiar ideas acerca de posibles soluciones para todo el problema y las escribieron. Sin que nadie se diera cuenta se sentaron y encontraron una solución. Una vez finalizada, de repente, capturaron la atención de todos los presentes, quienes preguntaron: "¿Tienen algo que decir?" "Sí", respondieron. Presentado el plan que el SEÑOR les había ayudado a confeccionar, ellos hicieron que las dos partes se unieran y se pusieran de acuerdo. ¡Se redactó un contrato nuevo, y se salvó la compañía!

NO LE DES AL DIABLO NINGUNA PROPIEDAD EN TU VIDA

Probablemente estés pensando: *A pesar de que debería tomar el camino más noble y rehusarme a ofenderme, algunas veces cuando las personas hieren mis sentimientos no estoy dispuesto a dejarlos ganar tan fácilmente.*

Estarías dispuesto si entendieras cuánto te costará no dejarlos ganar, cuánto debilitará tu fe y cómo detendrá el accionar de la PALABRA de Dios en tu vida. Tan impactante como suena, eso es exactamente lo que la ofensa hará. Jesús lo confirmó en la parábola del sembrador cuando dijo:

> El sembrador es el que siembra la PALABRA. Algunos son como lo sembrado junto al camino. En ellos se siembra la PALABRA, pero enseguida, después de oírla, viene Satanás y les arrebata la PALABRA sembrada en su corazón. Otros son como lo sembrado entre las piedras. Al oír la PALABRA, enseguida la reciben con gozo; pero, como no tienen raíz, su vida es muy corta, y al venir las aflicciones o la persecución por causa de la PALABRA, enseguida tropiezan. Otros son como los que fueron sembrados entre espinos. Éstos son los que oyen la PALABRA, pero las preocupaciones de este mundo, el engaño de las riquezas, y la codicia por otras cosas, entran en ellos y ahogan la PALABRA, por lo que ésta no llega a dar fruto. Pero hay otros, que son como lo sembrado en buena tierra. Son los que oyen

la PALABRA y la reciben, y rinden fruto; ¡dan treinta, sesenta y hasta cien semillas por cada semilla sembrada!» (Marcos 4:14-20).

Puedes ver lo serio que es ofenderse—Al estudiar el versículo 17 en la *Biblia Amplificada Edición Clásica*, vemos que unas de las acepciones de la palabra traducida como *tropiezan* en el griego original es "ofenderse": «Y al venir las aflicciones o la persecución por causa de la PALABRA, enseguida se ofenden (se disgustan, se indignan, guardan resentimiento) y se tropiezan y caen». ¡Tropezarse y caerse lejos de la PALABRA es un asunto muy costoso! Te pone en una posición en la que no puedes recibir las bendiciones del pacto que Dios ha provisto para ti.

Si alguna vez te has alejado de la PALABRA al cambiarla por un caso costoso de ofensa (¿quién no lo ha hecho alguna vez?) sabes cómo sucede en la práctica. Vas a la iglesia o una reunión maravillosa en algún lugar, escuchas predicar la PALABRA y regresas a tu casa regocijándote. La fe crece en tu interior y estás en camino a nuevos niveles de victoria. Unos pocos días después, algún espíritu de división inspira a una persona a decir algo acerca de ti, y tu muerdes el anzuelo del diablo. Dejas de pensar en la PALABRA que escuchaste y empiezas a pensar, en lugar de ella, acerca de las cosas horribles que la persona te dijo: *¡Él (o ella) no tenía derecho a decirme esas cosas! ¡Hirió mis sentimientos!*

Por algún tiempo, resistes la ofensa. Tratas de olvidarte de ella y el diablo te deja tranquilo por una temporada. Te deja acomodarte porque no quiere que descubras que él está envuelto. Pero después de algún tiempo, en el medio de la noche, te despiertas y nuevamente empiezas a pensar: *¿Me pregunto por qué él (o ella) me dijo eso? ¡Yo soy una buena persona! ¡Se merece que le dé un poco de su propia medicina, para ver si le gusta!*

Ésta es la manera principal en la que el diablo opera. Es una de sus estrategias favoritas y si caes presa de ella, la usará para quitarte todo lo que has recibido. La usará para robarte la PALABRA, tu sanidad, prosperidad, protección, liberación, familia y todo aquello en lo que pueda poner sus manos.

¡Así que no caigas en la trampa! Rechaza la ofensa todo el tiempo. Toma la decisión firme de hacer lo que Efesios 4:27 dice: «y no den lugar al diablo».

De acuerdo con un amigo experto en el idioma griego, las palabras: «y no den lugar al diablo» tienen mucha más fuerza en el lenguaje original. Éstas indican que el apóstol Pablo prácticamente estaba gritando: ¡DETÉNGANSE! ¡DEJEN DE DARLE LUGAR AL DIABLO! La palabra *lugar*, que es traducida de la palabra griega *topos*, se refiere a la topografía o a un lugar exacto. Trae a la mente esa clase de mapa topográfico que muestra con gran detalle todo acerca de un lote o propiedad. Muestra cuán altas son las colinas y cómo luce el terreno. Incluye todo, excepto los saltamontes.

El diablo está buscando esa clase de mapa en tu vida. Él está midiendo cada detalle para ver si puede encontrar un lugar por el que pueda entrar. Está buscando por un lote o propiedad desde donde pueda lanzar un ataque. Dándole honor a su nombre (el cual significa agitador o calumniador) el diablo irrita, hinca, presiona y molesta tratando de meterse en tus asuntos. Molesta a través de tu familia y a través de la televisión. Lo hace de cualquier manera que le sea posible.

¿Porqué lo hace? Está tratando de encontrar una palanca. Está tratando de encontrar un lugar sensible en ti con el que te hará reaccionar con enojo y ofensa. En el momento en que lo haga y tú des un paso en su territorio, se mudará. Tomará ventaja de ese pequeño lugar adolorido y continuará inyectando el veneno de la ofensa hasta que, al igual que una astilla encarnada, provoque una infección.

No es de extrañar por qué Pablo exclamó: ¡DETÉNGANSE! Si le das lugar al diablo, el inyectará tanta ofensa en ti, que te destruirá. Y lo peor, no se detendrá contigo; comenzará a usarte para inyectar veneno en la vida de otras personas. Te seguirá y te usará para herir sentimientos y apartar a las personas en vez de unirlas. Un día, observarás a tu alrededor y descubrirás división en todo lugar al que vayas. Notarás que el espíritu de división ha empezado a usarte para hacer su sucio trabajo en tu familia, tu lugar de trabajo y aún en tu iglesia. Y eso, como decimos en Texas: "abre otra lata repleta de gusanos".

Capítulo 6

EN PIE Y LIBRE DE TODA CONTIENDA

«Pero si ustedes abrigan en su corazón amargura, envidia y rivalidad, no tienen de qué presumir y están falseando la verdad. Esta clase de sabiduría no es la que desciende de lo alto, sino que es terrenal, estrictamente humana, y diabólica. Pues donde hay envidias y rivalidades, allí hay confusión y toda clase de mal».

Santiago 3:14-16

La primera vez que entré en contacto con un grupo de creyentes infectado con el veneno de la división, ocurrió no mucho tiempo después de haber nacido de nuevo. Un pastor local que sabía que yo era piloto, me llamó y me dijo: "Kenneth, esta tarde tengo una reunión en una iglesia al Este de Texas y necesito volver esta misma noche. Si rento un avión, ¿me llevarías?" Le dije que sí, asumiendo que solamente iba a predicar. Sin embargo, muy pronto descubrí que lo habían llamado para arbitrar una pelea que había surgido en la congregación. La pelea era tan amarga, que amenazaba con dividir la iglesia.

Cuando llegamos, el lugar estaba repleto. Parecía como si prácticamente toda la congregación hubiera llegado a la reunión (¡es posible que la gente falte a la iglesia el domingo, pero siempre estarán disponibles para una pelea!). Los grupos a favor de cada argumento se habían dividido y estaban furiosos entre sí, en lados opuestos del auditorio. El pastor que trasladé comenzó la reunión haciendo preguntas para descubrir la raíz del problema; sin embargo, nadie podía recordarlo.

Yo tan solo era un novato espiritualmente hablando; acababa de salir de la calle, así que no tenía experiencia alguna en esta área. Sin embargo, mientras observaba cómo se desenvolvía el conflicto, noté que un hombre en particular continuaba tratando de avivar el fuego. Cuando el pastor avanzaba un poco para lograr que los lados se unieran, él objetaba. Se levantaba y decía: "¡Ahora, esperen un minuto!" Y comenzaba a enumerar la lista de ofensas.

A medida que la tarde llegaba a su fin, mi paciencia también lo hacía. Pensaba: *Si alguien callara a ese hombre, podemos terminar con esta pelea e irnos a casa.* Con sólo observar al pastor, me daba cuenta de que estaba preocupado al igual que yo de la cantidad de horas que estaba tomando, así que comencé a hacer un plan.

Se me ocurrió que podía acercarme a la persona que estaba causando los problemas y decirle que lo necesitaban afuera, o similar. ¡Después podría seguirlo, darle unos golpecitos y enviarlo de regreso a su casa!

Jamás me detuve a pensar que el SEÑOR probablemente objetaría esas tácticas. Sin embargo, cuando estaba a punto de llevar a cabo mi misión, algo inesperado sucedió. El hombre repentinamente se enfureció y abandonó la reunión de manera intempestiva. Pensando en retrospectiva, estoy convencido de que se fue porque el espíritu de división descubrió lo que yo estaba por hacer. El diablo se dio cuenta de que yo estaba por caerle encima y lo sacó de ahí. ¡Después de todo, el hombre estaba trabajando para él, y quería proteger a su agitador!

Proverbios 22:10 dice: «Expulsa al blasfemo, y se acabarán las peleas, cesarán los pleitos y las ofensas». Esa noche pude comprobarlo en la práctica. Fue maravilloso ver cómo las cosas cambiaron una vez que el hombre salió del edificio. La contienda desapareció y el lugar se transformó en un lugar de amor. Todos empezaron a llevarse bien. No podían recordar por qué estaban tan furiosos. Empezaron a hablar entre ellos y, no mucho tiempo después, estaban diciendo: "¡Pongamos todos estos desacuerdos en el pasado!"

Después de culminada la reunión, el pastor y yo regresamos a casa en el avión y le comenté lo que pensaba hacer. Le dije: "Sabes, antes de que el hombre se fuera, estaba planeando sacarlo del lugar y ponerle un alto a la situación".

"¿Por qué no lo hiciste?", me contestó. "¿Por qué esperaste tanto tiempo?". Por supuesto que estaba bromeando. Con bastante más experiencia que yo, él sabía que existían mejores tácticas que golpear a alguien. Sin embargo, ¡disfrutó momentáneamente de la idea!

LA CONTIENDA Y LA DIVISIÓN TE HARÁN UNA PRESA FÁCIL

Durante mis años en el ministerio, he visto cosas similares una y otra vez. He sido testigo de primera mano de la destrucción que puede causar el espíritu de división en el Cuerpo de Cristo. También he aprendido cuánto el SEÑOR desaprueba ese tipo de situaciones. La contienda es una de las cosas principales en Su lista de cosas que desprecia. Literalmente Él odia: «el que siembra discordia entre hermanos» (Proverbios 6:19).

¿Por qué es tan inaceptable? Lo es porque no permite que la BENDICIÓN funcione y le da poder a la maldición. Nos pone en la misma posición en la que los israelitas se encontraron durante la batalla en Hai. Si has leído la historia probablemente recuerdas lo que sucedió. Los israelitas experimentaron una crisis militar. Sufrieron una derrota devastadora a manos de un ejército pequeño que debieran haber derrotado con facilidad.

¡Los israelitas perdieron una batalla muy fácil! Su líder, Josué, estaba tan enojado cuando se enteró, que rasgó su ropa, cayó al suelo y exclamó:

«¡Ay, Señor! ¿Qué puedo decir, ahora que Israel ha sido derrotado y que salió huyendo de sus enemigos? Cuando lo sepan los cananeos y todos los pueblos que habitan esta tierra, vendrán y nos rodearán, y nos borrarán de la tierra. Y entonces, ¿qué vas a hacer con tu gran fama?»

El Señor le respondió a Josué: «¿Por qué estás con el rostro en el suelo? ¡Levántate! Israel ha pecado. Ha quebrantado el pacto que yo le ordené, y además ha tomado lo que le prohibí tomar. Han robado, han mentido, y han guardado entre sus pertenencias lo robado. Por eso los hijos de Israel no podrán vencer a sus enemigos. Es más, cuando se enfrenten a ellos, huirán; Y es que han quedado bajo maldición. Si no destruyen la maldición que está entre ustedes, no volverán a saber de mí. Así que levántate, consagra al pueblo, y dile: "Purifíquense para mañana, porque el Señor y Dios de Israel dice: 'Hay maldición entre ustedes, y no podrán vencer a sus enemigos hasta que esa maldición sea destruida.»

Préstale atención al último versículo. Éste revela exactamente por qué los israelitas perdieron la batalla en Hai. En medio de ellos había: «maldición». Ésta no permitía que la BENDICIÓN funcionara y los debilitaba a tal punto que no podían mantenerse firmes en contra de sus enemigos.

¡Estás en muy mala forma cuando no puedes enfrentar a tus enemigos! Estás en problemas cuando Dios te dice que debes hacerle: «frente a las asechanzas del diablo» (Efesios 6:11), pero de repente *no puedes* mantenerte firme. Cuando eso sucede, estás a punto de convertirte en presa fácil para tu adversario el diablo, quien «anda como un león rugiente, buscando a quien devorar» (1 Pedro 5:8). Él verá tu condición debilitada a raíz de la contienda, y vendrá por ti. Te derrotará como el ejercito de Hai derrotó a los israelitas.

La razón por la que la contienda y la división—en una familia, una iglesia, una comunidad, una nación—son tan importantes para Dios, es porque son una violación directa a uno de Sus mandamientos que, como creyentes del Nuevo Testamento, hemos recibido de parte del SEÑOR. Son una violación a la ley del amor. La contienda es exactamente lo opuesto a la ley de entregar tu vida por los demás, otra clase de compasión en la que Jesús nos dijo que camináramos. Es la manifestación del egoísmo y el odio.

Si lo dudas, tan solo presta atención a estos proverbios:

- «El odio despierta rencillas; pero el amor cubre todas las faltas» (Proverbios 10:12).

- «El hombre iracundo provoca conflictos; el que se controla, aplaca las rencillas» (Proverbios 15:18).

- «El que es perverso provoca contiendas; el chismoso aparta a los mejores amigos» (Proverbios 16:28).

- El hombre irascible suscita contiendas, y el hombre violento comete muchos pecados (Proverbios 29:22).

- El que es altanero suscita contiendas, pero el que confía en el Señor prospera (Proverbios 28:25).

Nota el contraste en Proverbios 28:25 de la persona en contienda con aquella que prospera. Una de los significados del Antiguo testamento de la palabra "prospera" en ese versículo es "ungir".[10] ¡Así que la persona que confía en el SEÑOR será ungida!

Como ya lo hemos visto, eso fue lo que algunos cristianos de Corinto descubrieron. Discutieron y pelearon entre sí y debilitaron su unción hasta el punto que no pudieron entender más las cosas espirituales. Lo que Jesús advirtió en la

---

10 "fat," *The New Strong's Exhaustive Concordance of the Bible* (Nashville: Thomas Nelson, 1984) H1878.

parábola del sembrador le pasó a la mayoría de los creyentes de Corinto. Se ofendieron entre ellos y ese espíritu de ofensa les robó la revelación de la PALABRA. Se convirtieron en bebés espirituales a los que el Apóstol Pablo tuvo que recriminarles por escrito: «Hermanos, yo no pude hablarles como a personas espirituales sino como a gente carnal, como a niños en Cristo. Les di a beber leche, pues no eran capaces de asimilar alimento sólido, ni lo son todavía, porque aún son gente carnal. Pues mientras haya entre ustedes celos, contiendas y divisiones, serán gente carnal y vivirán según criterios humanos» (1 Corintios 3:1-3). *La Biblia Amplificada, Edición Clásica* dice: "ustedes no son personas espirituales sino de la carne, se comportan bajo los estándares humanos y como hombres (sin transformar)". Ni el maestro con mayor unción después de Jesús pudo penetrar la barrera de la contienda.

LAS PALABRAS PEQUEÑAS PUEDEN EMPEZAR UN GRAN INCENDIO

Como cristianos, es esencial que podamos entender la PALABRA de Dios y escuchar la voz del SEÑOR en nuestro espíritu. No podemos vivir una vida cristiana exitosa sin ellas pero, de acuerdo a 1 Corintios 3:1-3, la contienda nos las roba.

Peor aún, la contienda siempre viene acompañada de muy malas compañías. El Nuevo Testamento las llama "las obras de la carne" y enumera tales cosas como: «adulterio, fornicación, inmundicia, lascivia, idolatría, hechicerías, enemistades, pleitos, celos, iras, contiendas, disensiones, herejías, envidias, homicidios, borracheras, orgías, y cosas semejantes a éstas» (Gálatas 5:19-21). La mayoría de nosotros tenemos suficiente sentido común, como para salir corriendo lejos de esa clase de cosas. Nosotros no nos rodeamos con personas que viven en adulterio o practican la brujería, ni tampoco andamos con asesinos o borrachos.

Nosotros deberíamos tener esa misma actitud con las personas que instigan contienda y división o las personas que desparraman ofensa. Deberíamos hacer nuestros oídos sordos o caminar de largo cuando alguien viene a la iglesia diciendo cosas como: "Sabes que amo al pastor, ¿verdad? Sin embargo, lo he estado observando últimamente y me parece que le está dando a ciertas personas un trato preferencial. No quiero acusarlo de prejuicio o nada parecido, pero me pregunto qué motivaciones existen detrás de algunas de las decisiones que está tomando".

¡Esa manera de hablar conlleva la contienda y hará que la BENDICIÓN se detenga en nuestra vida! Nos meterá en problemas aún antes de que nos demos cuenta de lo que está sucediendo. Nosotros no tenemos por qué juzgar los motivos y las decisiones de otras personas—y mucho menos chismosear acerca de ellas. En el momento en el que nos demos cuenta de que lo estamos haciendo, deberíamos arrepentirnos en ese mismo instante, ahí mismo en frente de la persona con la que estamos hablando.

La PALABRA de Dios nos dice: «Pero desecha las cuestiones necias e insensatas; tú sabes que generan contiendas. Y el siervo del Señor no debe ser contencioso...» (2 Timoteo 2:23-24).

Nota que esos versículos no dicen que la contienda está bien de vez en cuando. Dicen que *no debemos* participar de ella. ¿Entiendes la frase: *no debemos*? Eso significa que nunca, jamás debes hacerlo. Debemos ser «amables para con todos, aptos para enseñar, sufridos; corrigiendo con mansedumbre a los que se oponen [o entran en contienda], por si acaso Dios les concede arrepentirse para que conozcan la verdad y escapen del lazo del diablo, en el cual se hallan cautivos y sujetos a su voluntad» (versículos 24-26).

Puedes pensar que soltar palabras al aire cuando estás enojado no causarán gran problema, pero de acuerdo con el libro de Santiago, las palabras de contienda trabajan como asesinas. Parecen pequeñas, pero comienzan incendios de magnitud.

Si sabes cómo encender un fuego, sabes que no puedes empezar una fogata grande, tan solo poniendo un fósforo bajo los troncos. Los troncos grandes no se prenden fácilmente. Debes reunir unas ramitas secas y usarlas para encender el resto de la madera. Uno de los mejores combustibles naturales es un pedazo de pino viejo. La savia de esos pedacitos se convierte en una especie de trementina que es extremadamente inflamable. Si arrancas unas ramitas de un pino, puedes rozarlas entre ellas y se prenderán instantáneamente. Encenderán una llama que continuará creciendo y se hará cada vez más grande.

El apóstol Santiago escribió: «¡Vean qué bosque tan grande puede incendiarse con un fuego tan pequeño! Y la lengua es fuego; es un mundo de maldad. La lengua ocupa un lugar entre nuestros miembros, pero es capaz de contaminar todo el cuerpo; si el infierno la prende, puede inflamar nuestra existencia entera» (Santiago 3:5-6).

¡Las Palabras pueden provocar incendios que destruirán completamente la vida de las personas! Pueden encender un fuego tan grande que ninguna fuerza natural puede detenerlo.

La lengua es lo que inicia el fuego. Es lo que comienza a destruir un matrimonio aún antes de que te des cuenta de que está en peligro, provocando una caída en picada.

El poder de la vida y la muerte están en la lengua (Proverbios 18:21). Si el diablo puede usar tu lengua, ninguna cosa en tu vida estará segura. Puedes pasarte días y años construyendo tu fe en la PALABRA. Puedes confesar que eres bendecido cada hora de tu vida. Pero, si empiezas fuegos de contienda con tu boca, esos fuegos eventualmente incendiarán las cosas buenas que la BENDICIÓN provoque. Si no te arrepientes, uno de estos días, te encontrarás sentando sobre un montón de cenizas preguntándote qué sucedió.

¿Cómo puedes evitarlo?

Primera de Corintios 11:28 dice: «Por tanto, cada uno de ustedes debe examinarse a sí mismo». Pasa algún tiempo con el SEÑOR y pídele que te revele cualquier falta de perdón que hayas estado arrastrando. Es posible que te sorprendas con lo que descubras. Puede ser que te muestre que, aunque no estás en contienda con ninguno de tus amigos o familiares, es posible que el presidente te haya ofendido. A lo mejor te darás cuenta de que has estado en contienda con las personas que tienen un punto de vista político distinto al tuyo, denominaciones, personas de otras razas o religiones. No tienes que estar familiarizado con alguien para ofenderte con ellos. Puede que estés en contienda con personas que ni siquiera conoces.

Cuando te examines delante del SEÑOR, si identificas algunas áreas en las que has estado en contienda, no te condenes. La condenación no logra cambio alguno. Puedes darte golpes de pecho toda tu vida por algo malo que hiciste y esto no cambiará nada. ¡Lo único que hará es que tu pecho quede adolorido! Así que no te condenes, ve a Dios y arrepiéntete.

La palabra *arrepentir* significa cambiar de dirección. Así que da la vuelta y ve en la dirección opuesta. En esas áreas donde has estado pensando, hablando o actuando ofendido, detente de inmediato. No solamente pienses: *empezaré a trabajar en esta área* (¿Significa eso que te enojarás dos veces al día en vez de cinco?) ¡No! No *trabajas* en tu pecado; por el contrario, lo renuncias y lo sacas de tu vida.

Muchas personas dicen que han tratado pero que no han podido hacerlo. Se arrepienten, pero el sentimiento de enojo o contienda continúa regresando.

La respuesta para eso es dejar de focalizarte en tus sentimientos. Focalízate en 1 Juan 1:9 que dice: «Si confesamos nuestros pecados, él es fiel y justo para perdonar nuestros pecados y limpiarnos de toda maldad». ¡Este versículo te liberará todas y cada una de las veces! Nunca falla. Así que actúa en él por medio de la fe. Cree y recibe el perdón que provee y la limpieza que promete. En vez de decir: "¡No puedo hacerlo!", comienza a decir: "Gracias Dios porque estoy libre de la ofensa. Ya no estoy en contienda, soy libre de ella en el Nombre de Jesús".

Si esos sentimientos de ofensa continúan molestándote por algún tiempo, no dejes que eso te mueva. Solamente continúa declarando la verdad al respecto—lo que dice la PALABRA de Dios. En lugar de pensar: *Pensé que era libre, pero supongo que no lo soy,* di: "No me muevo por sentimientos. Dios dice en 1 Juan 1:9 que, si confieso mis pecados, Él es fiel para perdonarme y limpiarme de toda iniquidad. Así que declaro por fe en la PALABRA de Dios que estoy libre de la ofensa y lo creo. ¡Soy libre de la contienda en mi vida porque puedo hacer todo a través de Jesucristo que me fortalece!"

Mientras más hables de esa manera, más te fortalecerás, y cuando la próxima oportunidad de ofenderte venga nuevamente (y lo hará), inmediatamente estarás alerta, y no morderás el anzuelo del enemigo.

Capítulo 7

PRESTANDO ATENCIÓN
A TU ENTORNO

*«Comenzar una pelea es como abrir las
compuertas de una represa, así que detente
antes de que estalle la disputa».*

Proverbios 17:14, NTV

Los pilotos que desean evitar problemas deben desarrollar un entendimiento agudo de lo que pasa a su alrededor. Con aviones que vuelan cada vez más rápido, ya no es suficiente con sólo "apretar los frenos y prender las luces de alerta" (como solían decir hace más de 50 años cuando me convertí en piloto). Ni siquiera es suficiente saber cómo operar los sistemas del avión. Cuando estás volando a una velocidad de más de 960 kilómetros por hora, debes saber con exactitud y precisión extrema todo lo que está sucediendo en la cabina y a tu alrededor mientras estás al mando. Tienes que prestarle atención a cada pensamiento y a cada palabra. Debes estar atento a cada luz que se encienda, cada número que aparezca en el tablero y todo lo que está sucediendo con la tripulación. Si no lo haces, te meterás rápidamente en problemas.

Podrás estar en tu burbuja, pensando que todo está bien, cuando de repente te encuentras en medio de una gran crisis.

Espiritualmente hablando, para los creyentes, aplica el mismo principio. En esta época especialmente, a medida que nos acercamos más y más rápido hacia el regreso del SEÑOR Jesucristo, debemos estar constantemente en alerta. Si queremos permanecer en curso y lidiar efectivamente con todo lo que el espíritu de división nos arroja, debemos estar atentos a las cosas malas que surgen de repente. Podemos caer en la contienda y meternos en problemas aún antes de saber lo que está sucediendo.

Sabes de lo que estoy hablando. Es posible que hayas estado almorzando un día con tus compañeros y repentinamente la conversación toma otro rumbo. Alguien empieza a quejarse de las decisiones tontas que el supervisor ha tomado y, antes de que te des cuenta, todo el mundo comienza a contar historias no muy agradables acerca de la misma persona. Por un rato, no dices nada. Tan solo te quedas sentado escuchando, pero en tu interior, estás recibiendo todo eso. Estás recogiendo sus ofensas. Más tarde, cuando vuelves a trabajar y aún antes de darte cuenta de lo que estás haciendo, repites alguna de las cosas horribles que alguien dijo durante el almuerzo. Dices algo en contra del supervisor y dañas su reputación.

La misma clase de escenario puede suceder en la iglesia. Puedes estar hablando con un grupo de creyentes después del servicio, cuando de repente aparece el tema político. Alguien habla de un político que particularmente no te gusta y dice: "Ese hombre se dice ser un cristiano, sin embargo, he escuchado que tiene muchísimos romances fuera de su matrimonio. Hasta los medios de comunicación lo han reportado". Con la opinión que ya tienes acerca de él, te retiras lleno de indignación "santa" y terminas repitiendo el rumor varias veces, antes de descubrir que era totalmente falso.

¿Qué fue lo que hizo posible que dijeras semejantes cosas, cuando en realidad caminas con el compromiso de mantenerte por fuera de la contienda, pisoteando el espíritu de división?

Lo que pasó es que no estabas atento a lo que sucedía a tu alrededor. No estabas atento a las señales de alerta, así que la contienda logró colarse.

Quizás pienses: *me disculparé más tarde;* sin embargo, las disculpas no necesariamente deshacen el daño. Las palabras amargas son como "flechas" (Salmos 64:3). O en lenguaje moderno: "son como balas". Así que para el momento en el que te disculpas, ya le has "disparado" a alguien. Es posible que te sientas mal al respecto y digas algo como: "¡me disculpo por permitir que mi boca actuara como un arma! ¡Me arrepiento de haberle 'disparado' a tantas personas antes de retomar el control!"

Pero, tus palabras amargas no pueden deshacerse. Una vez que las has dicho y han alcanzado su objetivo, alguien, en algún lugar, está sangrado y herido.

Sin embargo, cuando estás atento espiritualmente, te detendrás antes de causar esa clase de daño. Te darás cuenta de los pensamientos que estás pensando *antes* de declararlos y sabrás identificar ese momento en el que el espíritu de división está tratando de tomar el control. El estar atento espiritualmente te ayudará a tener tu boca cerrada en el momento en el que sientes los primeros síntomas de ofensa, hasta que lidies con lo que te está molestando.

Esa manera de actuar es sabia. Es mejor detener al diablo antes de que pueda hacer algo. Como Proverbios 17:14 dice: «El comienzo de la contienda es como cuando el agua empieza a salirse [por una ranura en la represa]; por lo tanto, es mejor detenerla antes de que empeore y estalle la pelea o disputa» *(AMPC).*

ALBAÑILES, PLOMEROS Y PELEAS DOCTRINALES

De cualquier manera, la mayoría de los argumentos en los que nos involucramos, no son dignos del esfuerzo. Según mi experiencia, especialmente en las iglesias, cuando las personas entran en contienda, usualmente es por un malentendido. Frecuentemente es porque tenemos distintos llamados en el Cuerpo de Cristo. Por ejemplo: algunos creyentes son llamados a ser grandes evangelistas, así que están convencidos de que lo único que importa es compartir el evangelio con el perdido. Otros están llamados a especializarse en el crecimiento espiritual, así que piensan que la prioridad número uno de la iglesia debería ser enseñar a los creyentes y ayudarlos a madurar. Un tercer grupo puede estar llamado a especializarse en los dones del Espíritu, así que ponen mayor énfasis en aprender a moverse con el Espíritu Santo.

¿Cuál grupo tiene la razón? Todos la tienen. Cada uno se enfoca en lo que Dios lo ha llamado a hacer—¡y eso es maravilloso! El único problema es que no saben cómo encajar juntos. Como resultado, el espíritu de división toma el control y comienza a separarlos.

Un creyente con un corte evangelista puede estar en una iglesia que tiene un llamado de enseñanza y decide que todos están equivocados y comienza a generar discordia al hablar mal de las clases bíblicas que el pastor está enseñando; dirá algo como: "¡Esas clases son una pérdida de tiempo! Esta congregación debería salir todas las noches a ganar almas. ¡Me reuniré con el pastor y le organizaré sus prioridades!"

Al otro lado de la ciudad hay una Iglesia llamada a enfatizar los dones del Espíritu Santo, y uno de sus miembros, el cual tiene más un corte de enseñanza, está incitando la misma clase de problemas. Se queja de los servicios. Si alguien se mueve en los dones del Espíritu el domingo por la mañana se enoja y critica al pastor por permitirlo.

Necesitamos darnos cuenta de que la construcción de la casa de Dios, es similar a la manera en la que se construye una casa física. Cada grupo involucrado en el proceso de construcción trabaja con una meta en común, pero cada grupo tiene una tarea específica. Metafóricamente hablando, una iglesia puede estar llamada a ser el albañil de la casa de Dios, mientas que la otra está llamada a ser un plomero. Tanto la albañería como la plomería son importantes. La casa no estará completa sin ambas. Sin embargo, si los plomeros se salen de su lugar y tratan de hacer el trabajo del albañil, tampocó les gustará. Estarán tratando de instalar el sanitario en la pared y no entenderán por qué su pastor no está de acuerdo. Después de un tiempo, el diablo continuará aumentando la división y magnificando las diferencias entre los creyentes y su pastor, hasta que todo el mundo termine malhumorado.

Entonces, ¿cuál es la solución?

Una vez más, se trata de prestar atención a la situación y al entorno. Si conocemos lo que Dios nos ha llamado a hacer, podremos buscarlo cuando las cosas comiencen a empeorar y descubrir cuál es el problema. Después, en lugar de facilitar la contienda, podremos mantener la paz haciendo los ajustes que el SEÑOR nos guíe a hacer.

En la situación en la que el creyente plomero está en una iglesia de albañiles, el pastor puede llamar al creyente y decirle: "Me gustaría bendecirte; sin embargo, parece que estás molesto por la manera en la que hacemos las cosas aquí. Yo te amo, y creo que estarías más contento, con un pastor que piense más como tú. Conozco uno que encaja más con esa descripción y, si quieres, puedo agendar algún tiempo para que almorcemos juntos. Puedes conocerlo y, si tu corazón está de acuerdo, puedes congregarte en su iglesia".

Cuando tomas esa posición y te rehúsas a darle lugar al espíritu de división, sin importar lo diferentes que seamos, podremos resolver los conflictos de una manera fortalecedora, en lugar de debilitar el Cuerpo de Cristo. Podremos trabajar juntos y dejar de entrar en contienda.

Podremos mantenernos en amor y armonía—aún cuando no estemos de acuerdo doctrinalmente hablando.

Muchos creyentes insistirán en que las diferencias doctrinales son importantes y deberían ser aceptadas y defendidas con vigor. ¡Sin embargo, no necesitamos entrar en contienda a causa de ellas!

Es posible que no creas una palabra de lo que predico, y puede que yo no esté de acuerdo con la palabra que tú predicas; sin embargo, no tenemos que enojarnos entre nosotros. No tenemos que permitirle al diablo que se robe la PALABRA de nuestros corazones, haciendo que nos ofendamos mutuamente. Podemos estar de acuerdo en nuestras diferencias. Podemos honrar la libertad individual de creer lo que cada uno escoja.

Sé que es posible, porque lo he hecho muchas veces. Por ejemplo: en una ocasión tuve una conversación con un hombre que decía que Jesús era un Indio Americano. "¡Te lo puedo probar en la Biblia!", insistía. Le pedí una escritura específica y me dijo: "¡Efesios 2:20. Ese versículo identifica a Jesús como la piedra angular!"

A eso le llamo yo una interpretación original. Esa se lleva todos los premios de cualquier cosa que haya escuchado; sin embargo, yo no me arrojé sobre el hombre. Y me alegra que no lo hiciera, porque en ese caso en particular, él estaba bromeando. Pero, ¿qué habría sucedido, si no hubiera sido así? ¿Qué habría sucedido si realmente él creía de esa manera? En lo que a mí respecta, eso hubiera sido su prerrogativa. Él puede irse a dormir todas las noches de su vida alabando a la piedra angular si él quiere, y yo de todas maneras le sonreiré cada vez que lo vea. Le diré la verdad en amor, si es que estuviera interesado, ofreciéndole mostrarle lo que la Biblia dice realmente acerca de ese asunto. Le diría que, a pesar de que me gustaría muchísimo que Jesús fuera un *Cherokee*, (por las raíces de mis ancestros), ¡la realidad es que Él es judío!

De todos modos, sin importar lo que pase en la práctica, no discutiré con él, porque no quiero que estemos divididos. Quiero que crezcamos en amor. No quiero que una diferencia tonta nos convierta en: «niños fluctuantes, arrastrados para todos lados por todo viento de doctrina, por los engaños de aquellos que emplean con astucia artimañas engañosas» (Efesios 4:14).

El engaño es algo horrible, y camina acompañado del espíritu de división. Cuando nos peleamos entre nosotros y comenzamos a dividirnos, siempre habrá alguna clase de estafador esperando para engañarnos. ¿Por qué? Porque si estamos en contienda, no tenemos mucha actitud espiritual. Nos convertimos en presas fáciles de cualquier personaje que el diablo nos ponga en el camino.

EL NIVEL DE MADUREZ DEL CUERPO EN SU TOTALIDAD AFECTA A CADA UNO DE SUS INDIVIDUOS

El diablo usará la división para robarle a iglesias completas. ¡Si se lo permitimos, nos engañará con las discusiones y división a tal punto que puede costarnos todo lo que tenemos!

Viví un ejemplo de esto hace muchos años cuando el SEÑOR me dio la orden de compartir con el resto del Cuerpo de Cristo lo que Él estaba enseñándome acerca de las finanzas: *Te enseñaré las leyes que gobiernan la prosperidad y la abundancia*, me dijo, *y voy a hacerte responsable de su revelación.* Llevé a cabo exactamente lo que me dijo que hiciera. Comencé a enseñar acerca de las leyes de la prosperidad. Sin embargo, no mucho tiempo después, algo raro sucedió.

Varios predicadores empezaron a llamarme y a criticarme porque no pedía prestado dinero ni contraía deudas. Comenzaron a generarse discusiones desagradables acerca de si realmente Dios quería que Su pueblo viviera libre de deudas y caminara en abundancia. Finalmente, Dios me dijo un día en oración: *No enseñes las leyes de prosperidad por un tiempo, hasta que te lo vuelva a indicar.*

"¿Por qué no?", le pregunté.

"Hay mucha contienda en el Cuerpo. Otros predicadores están enojados contigo y ofendidos por el asunto."

"Pero, SEÑOR, no lo entiendo", protesté. "Si estuviera enseñando acerca del nuevo nacimiento y ellos estuvieran enojados al respecto, no me permitirías que dejara de hacerlo. ¿Por qué me pides que deje de hacer esto?"

Prosperar financieramente en el ámbito material es un privilegio, me respondió. *Si no quieren escucharlo, tendrán que vivir sin esos beneficios.*

Tiene sentido, y no pensé mucho al respecto en ese momento. Sin embargo, si en ese momento hubiera sabido lo que sé hoy, no me lo habría tomado con tanta calma. Habría intercedido día y noche y hecho todo lo que pudiera para cambiar esa situación, pero, yo no estaba al tanto de lo que sucedía. No me había percatado de que esa situación nos afectaba a todos en conjunto. Sin embargo, esa es la forma en la que opera. Cuando el resto del Cuerpo de Cristo le puso los frenos al área de la prosperidad, también disminuyó mi velocidad—particularmente en lo que concierne a las revelaciones que el SEÑOR me había dado y que todavía no había predicado. Cuando trataba de caminar en ellas, no podía hacerlo.

Eventualmente, le pregunté al SEÑOR: "¿Hay algo que deba corregir?"

No, solamente te estás estrellando con una realidad espiritual, me respondió. *El nivel de madurez del Cuerpo de Cristo en su conjunto afecta a cada individuo que hace parte del mismo.* (lee 1 Corintios 12:14-16). Después, me recordó lo que le sucedió a Josué y a Caleb en el Antiguo Testamento.

Si han existido dos hombres con una fe extraordinaria, fueron Josué y Caleb. Ellos se mantuvieron en la Palabra y dijeron: "¡Vamos a conquistar la tierra prometida! ¡Dios nos ha entregado en las manos a nuestros enemigos!" Sin embargo, el resto de los israelitas dijeron: "No, no hay forma de que podamos hacerlo. Somos como saltamontes delante de sus ojos" (lee Números 13-14). Entonces, ¿qué pasó? Josué y Caleb terminaron deambulando en el desierto a causa de la multitud de incrédulos hasta que cada mayor de 20 años, excepto ellos, murió.

Al comienzo de los 1990 experimenté el mismo principio en acción nuevamente cuando algunos predicadores muy reconocidos tropezaron en su caminar con Dios. Los creyentes alrededor de todos los Estados Unidos estaban ofendidos y en vez de permanecer en fe y amor, empezaron a juzgarse mutuamente. Por algún tiempo, parecía como si los cristianos estuvieran chismoseando y diciendo cosas malas los unos de los otros por todas partes—¡en los periódicos, en la radio, la televisión y aún en la iglesia!

En nuestro ministerio mantuvimos nuestra boca cerrada. No hablamos mal acerca de nadie. De hecho, decíamos cosas buenas para contrarrestar toda la negatividad, tratando de detenerla. Sin embargo, terminó afectándonos. Impactó el alcance de nuestro ministerio y nuestras finanzas. A pesar de que no participamos de todo el vituperio, sufrimos con el resto del Cuerpo de Cristo.

Era aterrador ver las repercusiones en la medida en que los espíritus de división y ofensa recorrian el país. Pequeñas iglesias campestres perdieron sus finanzas. Los misioneros sufrieron por esa causa. Eventualmente, los creyentes empezaron a percatarse de lo que estaba ocurriendo. La iglesia completa se despertó y empezó a darse cuenta: "Mejor dejamos de hacer esto. Mejor sacamos nuestra Biblia y volvemos a focalizarnos en la PALABRA y dejamos de destruirnos mutuamente". Para ese entonces, ya se había causado un gran daño.

En estos últimos tiempos, en la medida en la que nos acercamos rápidamente hacia el regreso del Señor, no podemos permitirnos entrar en esa clase de contienda y división. Debemos elevarnos por encima de estas situaciones, aumentando nuestro nivel de sensibilidad al entorno, alertas al hecho de que, como creyentes, no somos islas—somos parte del Cuerpo de Cristo.

Como Efesios 4:16 lo explica, somos un cuerpo: «unido entre sí por todas las coyunturas que se ayudan mutuamente».

Estamos unidos por Dios; sin embargo, nos mantenemos juntos mutuamente. Yo no puedo hacer nada sin que a ti te afecte y tú no puedes hacer nada sin afectarme a mí porque estamos unidos en un pacto de sangre con Jesús. Cuando decidimos aceptarlo, nos heredamos el uno al otro.

No podremos finalizar lo que Dios nos ha llamado a hacer en este planeta si vivimos como islas. Solamente podremos hacerlo si crecemos y trabajamos juntos. ¡Así que hagámoslo! Prestémosle atención espiritual a cada pensamiento que pensamos y cada palabra que decimos. Crezcamos juntos, hablando la verdad [la PALABRA] el uno al otro con amor «hasta que todos lleguemos a estar unidos por la fe y el conocimiento del Hijo de Dios; hasta que lleguemos a ser un hombre perfecto, a la medida de la estatura de la plenitud de Cristo» (Efesios 4:13).

Capítulo 8

LA FUERZA IMPARABLE
DEL PERDÓN

«Entonces Jesús les dijo una vez más: «La paz sea con ustedes. Así como el Padre me envió, también yo los envío a ustedes.» Y habiendo dicho esto, sopló y les dijo: «Reciban el Espíritu Santo. A quienes ustedes perdonen los pecados, les serán perdonados; y a quienes no se los perdonen, no les serán perdonados».

Juan 20:21-23

Poco antes de que empezara este libro, el SEÑOR me dijo que hiciera algo que no había hecho antes. Me instruyó a confeccionar una lista de perdón y que incluyera no solamente a los que me habían hecho daño personalmente, sino también a la gente a la que normalmente no pensaría en perdonar. Por ejemplo: debía perdonar a los políticos cuya retórica y decisiones han afectado negativamente nuestra nación. También tenía que perdonar conscientemente a las personas en cargos de influencia que han cedido a la presión del diablo y han hecho cosas que son contrarias a la voluntad de Dios.

Nunca antes había pensado en hacer una lista por el estilo; sin embargo, pude ver inmediatamente el valor que tenía. Sabía por la PALABRA, que caminar en perdón debía ser una parte constante de nuestro estilo de vida como creyentes. Hace varios años el SEÑOR me mostró que en lugar de esperar a que alguien hiciera algo horrible en mi contra para perdonarlo, puedo liberar el perdón hacia las personas por anticipado todo el tiempo. Desde hace un tiempo, he practicado orar de esta manera a medida que mi día progresa: "SEÑOR, perdono a todas las personas a mi alrededor. Perdono a cada persona en el restaurante en el que almorzaré y en todos los negocios a los que iré hoy. En el Nombre de Jesús, perdono a cada persona con la que me encuentre en cada lugar al que vaya".

Una vez que he orado de esa manera, estoy listo para cualquier situación. Ninguna provocación ajena me molestará porque los he perdonado aún antes de que lo hicieran. Y por encima de eso, sus corazones estarán más abiertos para que les testifique y pueda ministrarles más efectivamente, porque el perdón atrae el poder sobrenatural de Dios a la escena.

Te podrías preguntar: "¿Qué tiene que ver el perdón con el poder sobrenatural de Dios?"

¡Tiene todo que ver con él! Lo puedes entender al observar a Jesús. Durante Su ministerio terrenal, Él operó en un fluir constante de perdón. Por esa razón el pecado en la vida de las personas nunca evitó que fueran sanadas ni que recibieran un milagro de Su parte. Su perdón removió al pecado del camino.

Por ejemplo: piensa lo que sucedió en Marcos 2:5-12, cuando los cuatro hombres le trajeron a Jesús a su amigo paralizado.

Ellos no podían entrar a la casa en la que estaba predicando porque había un gran tumulto. Así que subieron al techo, hicieron un hueco y bajaron al paralítico a la reunión.

Cuando Jesús vio la fe de ellos, le dijo al paralítico: «Hijo, los pecados te son perdonados». Algunos de los escribas que estaban allí sentados, se decían a sí mismos: «¿Qué es lo que dice éste? ¡Está blasfemando! ¿Quién puede perdonar pecados? ¡Nadie sino Dios!» Enseguida Jesús se dio cuenta de lo que estaban pensando, así que les preguntó: «¿Qué es lo que cavilan en su corazón? ¿Qué es más fácil? ¿Que le diga al paralítico: "Tus pecados te son perdonados", o que le diga: "Levántate, toma tu camilla y anda"? Pues para que ustedes sepan que el Hijo del Hombre tiene autoridad en la tierra para perdonar pecados, éste le dice al paralítico: "Levántate, toma tu camilla, y vete a tu casa."» Enseguida el paralítico se levantó, tomó su camilla y salió delante de todos, que se quedaron asombrados y glorificando a Dios, al tiempo que decían: «¡Nunca hemos visto nada parecido!».

Nota que lo primero que Jesús le dijo al hombre fue que sus pecados estaban perdonados. Cuando los Escribas dijeron que Él no tenía el poder para proveer tal clase de perdón, Él les demostró que lo tenía al sanar al hombre. ¿Qué nos demuestra esto? Nos demuestra que el poder del *perdón* es exactamente el mismo poder que sana.

Déjame repetírtelo: ¡El poder del perdón es exactamente el mismo poder que sana! La Biblia lo llama la *unción*, y es una fuerza espiritual tangible.

La unción es la fuerza que le dio poder a Jesús para ir: «haciendo el bien y sanando a todos los que estaban oprimidos por el diablo, porque Dios estaba con él» (Hechos 10:38). Es la fuerza que Él señaló en Lucas 4:18 cuando dijo: «El Espíritu del Señor está sobre mí. Me ha ungido para proclamar buenas noticias a los pobres; me ha enviado a proclamar libertad a los cautivos, a dar vista a los ciegos, a poner en libertad a los oprimidos». Es la fuerza de la que el profeta Isaías se refería cuando dijo: «Acontecerá en aquel tiempo que su carga será quitada de tu hombro, y su yugo de tu cerviz, y el yugo se pudrirá a causa de la *unción*» (Isaías 10:27, *RVR60*).

¡Es una fuerza imparable! La *unción* es la manifestación del poder de Dios todopoderoso para remover y destruir yugos —y es la fuerza que sustenta al perdón.

¿IRRITADO? ¡SOLAMENTE AGREGA OTRO NOMBRE A LA LISTA!

Con buena razón entonces Dios me dijo que hiciera una lista de perdón. Cuando se trata de ganar la guerra en contra del espíritu de división, el perdón es una de las armas más poderosas en nuestro arsenal espiritual. Deberíamos usarla todo el tiempo mientras vemos la TV. Lo recordé no hace mucho tiempo, un día en el que Gloria y yo estábamos viendo las noticias y alguien dijo algo que realmente me molestó.

Estaba a punto de quejarme y decir algo acerca de esa persona, cuando en mi espíritu escuché al SEÑOR decir: *¡No puedo confiarte un noticiero!*

Mi primer impulso fue justificarme—*pero, SEÑOR, ¿escuchaste lo que dijo ese hombre?* Sin embargo, en vez de hacerlo, simplemente me arrepentí. Después tomé el control remoto y cambié de canal, sintonizando la cadena "La Voz de Victoria del Creyente" vía satélite.

Uno o dos días más tarde se repitió la misma situación. Prendí las noticias y me enojé de nuevo. Después de arrepentirme otra vez, reconocí que no se me pueden confiar las noticias; entonces, escuché al SEÑOR: *¿Por qué no agregas a ese hombre a tu lista?*

El SEÑOR quiere que oremos por las personas que están en autoridad, de otra manera no lo hubiera dicho en 1 Timoteo 2:1-4:

> «Ante todo, exhorto a que se hagan rogativas, oraciones, peticiones y acciones de gracias por todos los hombres; por los reyes y por todos los que ocupan altos puestos, para que vivamos con tranquilidad y reposo, y en toda piedad y honestidad. Porque esto es bueno y agradable delante de Dios nuestro Salvador, el cual quiere que todos los hombres sean salvos y lleguen a conocer la verdad.».

Presta atención una vez más al último versículo. Dice que Dios quiere que *todos* los hombres sean salvos y vengan al conocimiento de Jesús. Él no quiere que solamente la gente de los Estados Unidos lo conozca. Él no quiere que solamente la gente con la que nos llevamos bien y con la que estamos de acuerdo lo conozcan. Él quiere que cada político y presentador de noticias lo conozcan. Él quiere que la gente de cada tribu, lengua, religión, nación—incluyendo cada terrorista—lo conozcan.

Como Juan 3:16 dice: ¡Porque de tal manera amó Dios *al mundo!* Así que Él responderá las oraciones que haga por cualquier persona. Puedo ver los líderes del ISIS en las noticias y empezar a orar por ellos. Puedo decir: "¡Oh, Dios perdónalos! Trae obreros que les hablen acerca de Jesús a su camino—y hazlo rápido antes de que los maten. SEÑOR, los rodeo con misericordia y fe. Libero ángeles para que les susurren en sus oídos. SEÑOR, dales sueños y visiones que los acerquen a ti".

¿Qué estoy haciendo cuando oro de esa manera? Estoy penetrando en la unción y liberando el poder de Dios para librar y sanar.

Dios se moverá en los políticos obstinados en cada oficina del gobierno si alguien ora por ellos. Jamás olvidaré la primera vez que recibí esa revelación. Sucedió en 1970, durante un tiempo problemático de los Estados Unidos. El presidente había cometido varios errores serios en la guerra del Sureste de Asia, y cientos de personas estaban siendo asesinadas a causa de ello. Cada vez que escuchaba las noticias, me enfurecía tanto con el hombre, que quería pelear.

Una noche me preparaba para predicar en una reunión; estaba anudando mi corbata, a punto de salir de la habitación del hotel. Sin razón alguna, me di la vuelta y encendí el televisor. Jamás lo hago antes de predicar. No me di cuenta de lo que estaba haciendo hasta que escuché la voz del presidente. Como ya había estado orando y preparándome para la reunión, mientras terminaba el nudo de mi corbata, dije en voz alta: "Padre celestial, Tú dices que debo orar por las personas en autoridad así que oro por este hombre ahora mismo en el Nombre de Jesús".

Desde ese momento en adelante, cada vez que escuchaba la voz del presidente, el amor de Dios llenaba mi corazón. A pesar de que continuó con su misma política, en lugar de enojarme, oraba por él y lo rodeaba con amor y perdón. "SEÑOR, continúo levantándolo delante de ti", decía. "Ayúdalo a hacer lo correcto delante de tus ojos. ¡Ayúdalo!"

Después de transcurridos unos meses, escuché que Billy Graham había pasado algún tiempo con él. No se de qué hablaron, pero conozco lo suficiente a Billy Graham para estar seguro de que Jesús debió ser el centro de esa conversación.

No mucho tiempo después de esa reunión, el presidente anunció: "No buscaré la reelección."

Estoy seguro de que yo no era el único creyente orando por el presidente en ese momento, pero Dios me permitió ser parte de la transformación del corazón de ese hombre. Él me permitió ser parte de su perdón y de que la voluntad de Dios se llevara a cabo, no sólo en su vida personal, sino en la vida de esta nación.

ASEGÚRATE DE ESTAR EN EL LADO CORRECTO DE LA ESPADA

Aunque la verdad acerca del perdón es poderosa y emocionante, como todo en la PALABRA de Dios, también es un arma de doble filo. Puede obrar a nuestro favor o en nuestra contra, dependiendo de lo que hacemos con ella. Si elegimos perdonar a los demás, obrará a nuestro favor y nos conectará con el poder sobrenatural que sana, libera y obra milagros. Si nos rehusamos u omitimos perdonar a las personas, obrará en nuestra contra porque nuestra falta de perdón ahogará la operación de la Unción de Dios, y su poder será limitado en nuestra vida.

Ese es un negocio peligroso. Necesitamos la Unción de Dios obrando en nosotros todo el tiempo. La necesitamos obrando en nuestra familia, en nuestro cuerpo físico para mantenernos sanos (1 Pedro 2:24), en nuestras finanzas para activar el poder de prosperar (Salmo 35:27). La necesitamos para recibir respuesta a nuestras oraciones.

La fe, la Unción de Dios y el perdón están interconectados. Por eso Jesús dijo en Marcos 11:

> «Tengan fe en Dios. Porque de cierto les digo que cualquiera que diga a este monte: "¡Quítate de ahí y échate en el mar!", su orden se cumplirá, siempre y cuando no dude en su corazón, sino que crea que se cumplirá. Por tanto, les digo: Todo lo que pidan en oración, crean que lo recibirán, y se les concederá. Y cuando oren, si tienen algo contra alguien, perdónenlo, para que también su Padre que está en los cielos les perdone a ustedes sus ofensas » (Versículos 22-25).

Nota que Jesús nos dijo: «Tengan fe en Dios» o, como muchas traducciones lo interpretan, "ten la fe de Dios" o "la clase de fe de de Dios". La clase de fe de Dios es la clase de fe que tiene Jesús. Es la fe con la que operó cuando estaba en la Tierra—la fe que le habla a las montañas y recibe cualquier cosa que pide en oración.

Cada uno de nosotros como creyentes nacidos de nuevo tiene lo que se requiere para operar en esa clase de fe. Jesús siempre nos autorizó y nos dio poder para hacer cualquier cosa que Él nos ordena que hagamos. ¡Él nos mandó a tener la clase de fe de Dios, así que eso significa que podemos!

Esas ya son buenas noticias. Sin embargo, Jesús no se detuvo ahí. Él continúo diciéndonos cómo asegurarnos de que nuestras oraciones de fe funcionen correctamente. Él dijo: «cuando oren, si tienen algo contra alguien, perdónenlo». Todo lo que Jesús dijo acerca de la fe depende de ese mandamiento porque "la fe… obra por el amor" (Gálatas 5:6) y el perdón es esencialmente una expresión del amor. Sin perdón, la fe no funciona. Tan solo se queda ahí como un auto con la batería muerta—sin moverse.

Muchos cristianos parecen no entenderlo. Tienen la idea de que el perdón es algo opcional. Dicen: "No sabes lo que esa persona me hizo. He tratado de perdonarlo (o perdonarla) durante muchos años, pero no he podido hacerlo. Creo que sólo necesito un poco mas de tiempo".

A pesar de que tal declaración puede sonar razonable, ellos están contradiciendo en forma directa lo que Jesús dijo. Él no nos dijo que nos tomemos años para perdonar a la gente. Él nos ordenó perdonarlos inmediatamente, mientras estamos orando. Nos dijo que lo hagamos antes de decir amén. ¿Por qué? Porque nuestra fe (y por consiguiente la respuesta a nuestras oraciones) depende de ello.

Pero, ¿qué sucede si alguien te hirió tan profundamente, que ni siquiera resistes pensar en él o ella? ¿Qué deberías hacer?

Tan solo obedece a Jesús. Él no te pidió que te sientas bien acerca de esa persona que te hizo mal. Él te *mandó* perdonarla. El perdón no involucra los sentimientos; es un acto de obediencia. Es escoger poner la PALABRA de Dios por encima de tus emociones al tomar una decisión y decir: "perdono".

Mientras más rápido lo hagas, mejor estarás. De igual manera, mientras más lo demores, peor se pondrán las cosas y más te hundirás en la falta de perdón. ¿Recuerdas lo que dije del diablo y cómo utiliza la ofensa para colarse? Tan solo estarás por ahí, haciendo alguna tarea, cuando, repentinamente, comenzarás a recordar las cosas feas que alguien más te hizo o dijo. Te imaginarás diciéndole cosas que desearías haberle dicho en ese momento. En tu cabeza la conversación cada vez se tornará más fea y los efectos negativos recobrarán fuerza. Liberarás el dolor, y el espíritu de división se arraigará más profundamente en tus patrones de pensamiento, infligiendo un mayor daño.

Puede que pienses que tus pensamientos no son la realidad, así que no pueden causar mucho daño; sin embargo, la ciencia ha probado lo contrario. Los pensamientos realmente producen un impacto. Estos pueden afectar no solamente las emociones de la gente, sino también sus cerebros y sus cuerpos físicos. La ilustración más viva de esta realidad la podemos ver en la epidemia de la pornografía. Cuando las personas consumen pornografía, no están involucrándose en un acto real, y aún así están experimentando los mismos resultados. Por esa razón el diablo la promueve. Las imágenes y pensamientos impulsan a las personas a realizar acciones y éstas llevan a resultados desastrosos.

El diablo oprime con pensamientos de falta de perdón por la misma razón, ya que empujan a las personas al camino de la destrucción. Una persona puede estar pensando por un segundo, o dos, o tres, o cuatro, o cinco acerca de un evento doloroso o una conversación; sin embargo, está teniendo el mismo efecto que tuvo esa primera vez. Está obrando en el cerebro de esa persona y produciendo la misma clase de reacciones tóxicas. La única diferencia se encuentra en que, en cada repetición, las reacciones se hacen cada vez más potentes.

Todos hemos quedado atrapados en este ciclo vicioso alguna u otra vez. Hemos gastado horas, días y aún meses enojados, heridos o furiosos con alguien. Es una experiencia miserable. Sin embargo, no tenemos que permanecer atrapados en ese instante. En su lugar, instantáneamente podemos hacer lo que Jesús nos ordenó. Tan pronto nos demos cuenta de que "tenemos algo en contra de alguien" mientras estamos orando, podemos perdonar.

Aunque pensemos que no podemos hacerlo, debemos escoger la fe y decir: "perdono a tal persona"; treinta minutos después, si descubres que estás pensando en lo mismo, repite el mismo proceso. Si estás con otras personas, sólo di en voz baja: "No, rechazo esos malos pensamientos, ya lo he perdonado. O la he perdonado". Cada vez que lo haces, los pensamientos se detendrán. Pueda que traten de regresar más adelante los primeros días, sin embargo, cuando lo hagan, serán menos y menos intensos y empezarán a disminuir. Las palabras de fe controlan los pensamientos.

Es posible que la persona que has perdonando no cambie en lo absoluto. Es probable que continúe en su error. Pero, aún así, algo bueno estará sucediendo en tu interior. La Unción de Dios estará fluyendo. Su poder de remover cargas y destruir yugos obrará en tu interior para sanarte y librarte del dolor que esa persona te ha causado. Es más, si la situación todavía está generándote problemas, la Unción poderosa de Dios te proveerá con la sabiduría que necesitas para resolverlos.

¡Tan solo piensa en el efecto maravilloso que ésto podría tener en tu familia! Cuando el tío malhumorado empieza a actuar de forma incorrecta contra la tía sensibilidad en la siguiente reunión familiar, y todos los familiares empiecen a dividirse y a pelear, al liberar el perdón, podrás invitar a Dios a la situación. En lugar de saltar y luchar como los demás, puedes decir: "SEÑOR: perdónalos". Después puedes atar al diablo que ha cegado los ojos del tío malhumorado para el evangelio y orarle al SEÑOR de la cosecha para que envíe trabajadores a su camino para que sea salvo.

Tampoco tienes que detenerte allí. Esta es una manera maravillosa de vivir, todo el tiempo. Así que, adelante, y haz de esto un estilo de vida. Hazlo constantemente, donde quiera que vayas. Cada vez que el espíritu de división trate de manipular a la gente para arruinar tu vida, tu familia, tu iglesia, tu barrio, ciudad o nación, en vez de enojarte con la gente y ahogar la unción, desenfunda el arma del perdón. Libera su poder para obrar en tu vida y también en la de ellos. Saca corriendo al espíritu de división al orar por ellos, diciendo: "Padre, soy alguien que perdona, no alguien que condena. Gracias a Dios, yo perdono". ¡A continuación, añade algunos nombres más a tu lista!

Capítulo 9

LOS DÉBILES, LOS CAMPEONES Y OFRECIENDO LA OTRA MEJILLA

«Ustedes han oído que fue dicho: "Ojo por ojo, y diente por diente." Pero yo les digo: No resistan al que es malo, sino que a cualquiera que te hiera en la mejilla derecha, preséntale también la otra»

Mateo 5:38-39

Si todavía no estás convencido del poder del perdón, te aseguro que te entiendo. Hubo una época en mi vida cuando yo tampoco lo estaba. Cuando era joven crecí rodeado de amigos que firmemente creían que el que daba el primer golpe, ya fuera físico o verbal, siempre ganaba la pelea. Así que durante muchos años pensé que lo más inteligente era lanzar el primer golpe sin pensarlo dos veces.

Después nací de nuevo y leí lo que Jesús dice acerca de ofrecer la otra mejilla. Inicialmente, no me gustó mucho la idea. Pensaba que, si no devolvía el golpe, las personas se aprovecharían de mí. "SEÑOR, no me convence este negocio de poner la otra mejilla", le dije. Luego decidí estudiar el Nuevo Testamento para leer al respecto y me maravillé con lo que descubrí.

Durante el ministerio terrenal de Jesús, Él constantemente ofreció la otra mejilla y aún así triunfó en cada situación. Sin importar la intesidad con la que la gente lo atacó personalmente y a Su ministerio, nunca pudieron lograr destruirlo.

Por ejemplo, en Nazaret la gente que vino a escucharlo predicar terminó tratando de matarlo. Lo sacaron del pueblo, lo llevaron a una cima y trataron de empujarlo al precipicio. Sin embargo, no lo lograron. De alguna manera, Jesús se les escapó de las manos, «pasó por en medio de ellos, y se fue» (Lucas 4:30).

En otra oportunidad hizo algo parecido cuando predicaba en Jerusalén y la gente se enojó por lo que estaba diciendo. Ellos comenzaron a recoger piedras para matarlo pero Él, en lugar de pelear, simplemente «se escondió» (Juan 8:59). Jesús atravesó el grupo que lo rodeaba, revestido del poder del Espíritu Santo, ¡mientras ellos se preguntaban a dónde se había ido!

Aún en el Jardín de Getsemaní nadie pudo ponerle un solo dedo encima hasta que Él no se los permitió. Él lo evidenció cuando los soldados del ejército romano llegaron a arrestarlo. A pesar de que estaban completamente armados, cuando Jesús les dijo: ««Yo soy», ellos retrocedieron y cayeron por tierra» (Juan 18:6). Y como si eso no fuera suficiente, para demostrar quién estaba a cargo de la situación cuando Pedro trató de ayudarlo al sacar su espada y cortarle la oreja a uno de los soldados, Jesús le dijo que la guardara. «¿No te parece que yo puedo orar a mi Padre, y que él puede mandarme ahora mismo más de doce legiones de ángeles?

Pero entonces ¿cómo se cumplirían las Escrituras? Porque es necesario que así suceda» (Mateo 26:53-54).

La mayoría de las personas no dudan ni por un instante de que Jesús era capaz de hacer ese tipo de cosas; después de todo, él es el Hijo de Dios. ¡Sin embargo la Biblia dice que tú y yo también somos hijos de Dios (Romanos 8:14-15)! Somos coherederos (Romanos 8:17) y Él dijo que, como creyentes, podemos hacer las mismas obras que Él hizo y aún mayores (Juan 14:12). Por lo tanto, si Él pudo vivir de tal manera que el diablo no pudo atraparlo, ofreciendo siempre la otra mejilla y salió victorioso en cada confrontación, ¡nosotros también debemos poder hacerlo!

El diablo trabaja arduamente para evitar que nos demos cuenta de esa realidad. Hace todo lo que puede para mantenernos sumidos en el temor acerca de lo que otras personas podrían hacernos; sin el temor, él estaría acabado. Todas sus obras las hace a través del miedo.

El espíritu de división está unido al temor. De hecho, no puede hacer nada sin este último. La intolerancia, el racismo y las divisiones instigadas demoniacamente en el mundo se cimientan y ejecutan en base al temor. Los partidos políticos se pelean entre ellos porque los aterroriza la idea de que uno tendrá más poder que el otro y perderán el control. Los distintos grupos en el sector financiero se pelean unos con otros porque un grupo tiene miedo de no conseguir lo que quiere y el otro está temeroso de que alguien le quite lo que ya tiene. Las tensiones raciales se manifiestan porque una raza está temerosa de que otra raza los prive de sus derechos, los oprima y se aproveche de ellos de alguna u otra manera.

El temor es la fuente de ese accionar—y el diablo es la fuente del temor.

¡YA NO SOMOS HUÉRFANOS!

El temor no es más que la fe retorcida en sentido contrario. El temor es tener más fe en el diablo y su habilidad de lastimarte, que la que tienes en Dios, en Su amor por ti y en Su habilidad de protegerte. De la misma manera que la fe es el conector espiritual con Dios y la BENDICIÓN, el temor es el conector espiritual al diablo y la maldición.

La primera vez que el miedo hizo su aparición fue después de que Adán y Eva pecaran en el Jardín del Edén: «Pero Dios el Señor llamó al hombre y le dijo:

«¿Dónde andas?» Y él respondió: «Oí tu voz en el huerto, y tuve miedo, pues estoy desnudo. Por eso me escondí.»» (Génesis 3:9-10). ¿Por qué Adán estaba asustado? Porque había interrumpido su relación con Dios. Él y su esposa habían dudado y desobedecido la PALABRA de Dios, doblado sus rodillas delante del diablo y cometido traición espiritual. Ellos se habían desconectado de Su Padre celestial y se convirtieron en huérfanos espirituales.

El diccionario define la palabra huérfano como "aquel que no tiene padres o amigos". Un huérfano no tiene a nadie a quien pueda acudir por protección o provisión—no tiene herencia. Nadie tiene obligación alguna con él, ya sea por sangre o por pacto. Si alguien asume la responsabilidad de cuidarlo, usualmente es porque está bajo la tutela del Estado.

Yo crecí en el último coletazo de la gran depresión, así que recibí la revelación a muy corta edad de lo aterrorizante que puede ser la vida de un huérfano. Escuché historias acerca de niños a los cuales sus padres, azotados por la pobreza, habían abandonado en el frente de alguna casa, y nadie supo jamás quiénes eran. Vi las películas de Shirley Temple acerca de orfanatos administrados por una mujer grandísima y fea o un hombre de ojos pequeños y brillantes que se robaba la comida mientras los niños se morían de hambre. A pesar de que en la actualidad existen muchísimos orfanatos cristianos maravillosos, muy pocos lugares como esos existían durante la Gran Depresión. En la mayoría de los casos, los huérfanos estaban sin cuidado alguno. Espiritualmente, esa es la condición en la que estaban Adán y Eva inmediatamente después de haber pecado. Ésta también era la condición en la que todos nosotros estábamos antes de nacer de nuevo, particularmente si no somos de herencia judía. Éramos huérfanos espirituales en todo el sentido de la palabra. Como Efesios 2:12 dice: «En aquel tiempo ustedes estaban sin Cristo, vivían alejados de la ciudadanía de Israel y eran ajenos a los pactos de la promesa; vivían en este mundo sin Dios y sin esperanza».

Como gentiles incrédulos, no calificábamos para las promesas que Dios les había dado a Abrahán y a su descendencia en el Antiguo Testamento. No teníamos ninguna garantía—pacto—de que Dios cuidaría de nosotros. Las personas sin Dios desarrollan una cultura de autopreservación, peleando por sí mismos para progresar y evitar toda pérdida en cualquiera sea que fuere el negocio. Deben buscar por el primer lugar y no les importa pasar por encima de nadie de ser necesario.

Para completar, gracias al pecado de Adán, aparte de desconectarse de Dios, el Padre del amor y la luz, la raza humana, sin Dios, fue conectada a Satanás, el padre del temor y la oscuridad. Así que la gente—literalmente—tenía una fuente de temor fluyendo desde su interior, todo el tiempo.

¡Ahora, gracias a la obra redentora de Jesús, podemos participar del Nuevo Pacto! Alabado sea Dios, ya no estamos más en esa situación. Ya no somos más huérfanos espirituales. Hemos nacido en la familia de Dios. Tenemos un Padre celestial fiel y poderoso que «no nos ha dado... un espíritu de cobardía, sino de poder, de amor y de dominio propio» (2 Timoteo 1:7).

«Pues ustedes no han recibido un espíritu que los esclavice nuevamente al miedo, sino que han recibido el espíritu de adopción, por el cual clamamos: ¡Abba Padre! El Espíritu mismo da testimonio a nuestro espíritu, de que somos hijos de Dios. Y si somos hijos, somos también herederos; herederos de Dios y coherederos con Cristo, si es que padecemos juntamente con él, para que juntamente con él seamos glorificados» (Romanos 8:15-17).

¡Hoy vivimos el sueño de todo huérfano! Nosotros éramos como ese pequeño niño sentado en el orfanato pensando que nadie nunca lo querría porque era del color incorrecto o no era lo suficientemente inteligente, o no era muy bonito. Y después el hombre más rico, bueno y poderoso de toda la Tierra, lo miró a los ojos y le dijo: "¡Éste es mi niño! Éste es el que quiero. Me lo llevaré hoy mismo conmigo. Me desharé de toda su ropa sucia y le compraré un ropero nuevo. Lo adoptaré y lo haré heredero de todo lo que poseo".

Espiritualmente, eso es exactamente lo que nos pasó a nosotros cuando creímos en Jesús y lo recibimos como nuestro Salvador y SEÑOR. ¡Gracias al nuevo nacimiento y por un pacto divino de adopción, nos convertimos en hijos del Dios Todopoderoso! Así que, como hijos e hijas de Dios, todo lo que le pertenece a Jesús, también es nuestro, por toda la eternidad. Cada promesa que Dios les hizo a Abrahán y sus descendientes ahora aplica a nosotros: «Porque la promesa dada a Abrahán y a su descendencia en cuanto a que recibiría el mundo como herencia, no le fue dada por la ley sino por la justicia que se basa en la fe» (Romanos 4:13).

PELEA COMO JESÚS

Teniendo eso en mente, si realmente entendiéramos quiénes somos y lo que Dios ha hecho por nosotros por medio del Nuevo Pacto, ¡deberíamos ser las personas más seguras de la Tierra! El temor y la inseguridad serían erradicados para siempre de nuestras vidas. No perderíamos nuestro tiempo discutiendo y peleando con otras personas, o permitiéndole al diablo asustarnos para avanzar su plan de contienda y división. Al contrario, haríamos que nuestra meta fuera *unir a las personas* en amor, y reinar en la vida como reyes (Romanos 5:17). ¡Caminaríamos en este planeta como si nos perteneciera porque, de hecho, nos pertenece! (Salmo 115:16).

No solamente nos pertenece, sino que nos ha sido asignada la misma tarea que Adán y Eva recibieron en el comienzo cuando: «los bendijo Dios con estas palabras: «¡Reprodúzcanse, multiplíquense, y llenen la tierra! ¡Domínenla!» (Génesis 1:28). Nosotros somos parte del grupo al que Dios le estaba hablando en Isaías cuando dijo:

> «Óiganme, los que siguen la justicia, los que buscan al SEÑOR. Miren la roca de donde fueron cortados, y la cantera de donde fueron extraídos. Miren a Abrahán,

su padre; y a Sara, que los dio a luz. Porque cuando él era uno solo, yo lo llamé, lo bendije y lo multipliqué".

Ciertamente el SEÑOR consolará a Sion; él consolará todas sus ruinas. Convertirá su desierto en Edén y su región árida en huerto del SEÑOR...» (Isaías 51:1-3).

Nota que, de acuerdo con esos versículos, los cristianos no solamente tienen un pacto con Dios, sino que además tenemos un Pacto del Edén. Dios nos ha prometido darnos días del cielo aquí, en la Tierra. Él nos ha prometido BENDECIRNOS tan abundantemente que nuestras vidas se convertirán en un jardín del SEÑOR.

Puedes estar pensando: *Todo eso suena maravilloso, pero yo continúo encontrándome con personas que se empeñan en destruir mi jardín. ¡Algunas veces me hacen enojar tanto que quisiera olvidarme de todo, arremangarme y pelear!*

Pelear está bien, pero hazlo como Jesús lo hizo cuando estaba en la Tierra. Él no peleó en contra de la *gente*; Él peleó en contra del diablo. Peleó en su contra venciendo toda tentación, y caminando continuamente en amor y en la BENDICIÓN de Dios y trayendo esa misma BENDICIÓN a la vida de otras personas. Jesús le dio una golpiza a Satanás cada día de Su vida terrenal y después acabó con él en Su crucifixión y resurrección.

El nuevo testamento lo confirma una y otra vez:

- «Él anduvo haciendo el bien y sanando a todos los que estaban oprimidos por el diablo, porque Dios estaba con él» (Hechos 10:38).

- Él «Desarmó además a los poderes y las potestades, y los exhibió públicamente al triunfar sobre ellos en la cruz» (Colosenses 2:15).

- «Así como los hijos eran de carne y hueso, también él era de carne y hueso, para que por medio de la muerte destruyera al que tenía el dominio sobre la muerte, es decir, al diablo, y de esa manera librara a todos los que, por temor a la muerte, toda su vida habían estado sometidos a esclavitud» (Hebreos 2:14-15).

La pelea final de Jesús con el diablo fue la pelea más emocionante de todos los tiempos. Si has leído acerca de ella en las escrituras, ya sabes cómo sucedió. Comienza con Jesús en la cruz y el diablo y sus seguidores pensando que finalmente le habían ganado. Ellos no sabían que Jesús había elegido estar ahí, pagando por el precio del pecado de la humanidad y no se dieron cuenta de que Él estaba actuando por fe como nuestro sustituto. Ellos pensaron que finalmente lo habían vencido.

¡Ellos no sabían que habían caído en la trampa de antaño! Era un misterio escondido en Dios. Dios preparó la carnada y el diablo la mordió. Jesús «desarmó además a los poderes y las potestades, y los exhibió públicamente al triunfar sobre ellos en la cruz» (Colosenses 2:15). Él le arrebató las llaves del infierno y la muerte al diablo (Apocalipsis 1:18). Más adelante les dijo a Sus discípulos: «Toda autoridad me ha sido dada en el cielo y en la tierra. Por tanto, vayan y hagan discípulos en todas las naciones, y bautícenlos en el nombre del Padre, y del Hijo, y del Espíritu Santo. Enséñenles a cumplir todas las cosas que les he mandado. Y yo estaré con ustedes todos los días, hasta el fin del mundo» (Mateo 28:18-20). En escencia les dijo: "Vayan en mi Nombre y Autoridad y Yo estaré con ustedes".

Haz un esfuerzo para que lo que te voy a decir se grabe en tu conciencia: EL SEÑOR Jesucristo es tu hermano de pacto (Juan 20:17; Romanos 8:29; Hebreos 2:11). Él literalmente derrotó al diablo en el espectáculo más majestuoso que se haya visto. Ahora, *Él te ha delegado Su autoridad, a ti.* Te ha comisionado para reforzar Su victoria al pelear la buena batalla de la fe y mantener al diablo bajo *tus* pies.

Pueda que pienses que no tienes la valentía que se requiere para hacerlo; sin embargo, recuerda que has «nacido de nuevo, y no de una simiente perecedera, sino de una simiente imperecedera, por la PALABRA de Dios que vive y permanece para siempre» (1Pedro 1:23). Primera de Juan 4:4 dice: «Hijitos, ustedes son de Dios, y han vencido a esos falsos profetas, porque mayor es el que está en ustedes que el que está en el mundo». Tu ADN espiritual y el ADN de Jesús son lo mismo. Espiritualmente, tú y Él son gemelos idénticos. Tú tienes el mismo Padre. Tienes en tu interior el mismo Espíritu Santo. Incluso tienes la misma fe que Jesús tiene—la de Dios. Te fue otorgada como un regalo en la fracción de segundo en la que fuiste salvo (Efesios 2:8). La primera vez que la usaste, te cambió para siempre. Te conectó con tal nivel del poder de Dios que tu viejo hombre murió. Te convertiste en la justicia de Dios (2 Corintios 5:21) y resucitaste para sentarte en los lugares celestiales con Jesús (Efesios 2:6) y no hubo ni una sola cosa que Satanás pudiera hacer para evitarlo.

¿Entiendes lo que eso significa? Significa que no hay poder del infierno o en este mundo que ¡tu fe en Dios no pueda vencer! Tú *puedes* vencer los espíritus de contienda y división y mantener sus efectos de muerte y destrucción por fuera de tu casa, familia, ciudad y nación. Cuando usas tu fe en la PALABRA de Dios como un arma en contra del diablo, él no puede hacer nada. «Porque todo el que ha nacido de Dios vence al mundo. Y ésta es la victoria que ha vencido al mundo: nuestra fe» (1 Juan 5:4). Segunda Corintios 10:4 dice: "(Porque las armas de nuestra milicia no son carnales, sino *poderosas en Dios* para la destrucción de fortalezas;)" (RVA).

Te des cuenta o no, como creyente nacido de nuevo, ¡tú eres lo más grande para bloquear al diablo y su pandilla! Cuando te mantienes en la PALABRA de Dios en fe y te rehúsas a temer, *¡nadie* puede vencerte!

Una vez hace muchos años, me encontré con una ilustración viva de esto. Estaba visitando al Dr. E.V. Hill en Los Ángeles y él estaba llevándonos a Gloria y a mí por algunos barrios de la ciudad. En un momento entramos a un área que era famosa por la violencia y el Dr. Hill nos dijo que había sido practicamente conquistada por los vendedores de drogas. "Ellos se han apoderando de prácticamente todo excepto por una cuadra que controla una querida señora de nuestra iglesia".

Yo estaba a punto de preguntarle acerca de ella, cuando dimos la vuelta en la esquina y vi a una mujer que lucía como en sus 65 años, parada en la acera con una escoba en la mano. "¡Es ella, ahí de pie!", dijo el Dr. Hill. "Ella barre la acera de una esquina a la otra todos los días, orando y declarando la PALABRA todo el tiempo. ¡Es digna de escuchar!". Ella barre y declara: "Ningún vendedor de drogas vendrá a esta cuadra!" ¡Jesús es el SEÑOR de esta cuadra".

Según el Dr. Hill, si algún vendedor de drogas se atreve a poner un pie en su acera, en vez de salir corriendo a esconderse en su casa, ella saldrá y le dirá cuáles son las reglas. Con la escoba en mano, les dirá de frente: "No vendrás aquí con esa cosa infernal a mi calle, en el Nombre de Jesús. Si quieres venir aquí y amar a Dios y actuar bien, puedes hacerlo. Pero si traes esas drogas a mi cuadra, te sacaré corriendo".

Esa señora no tenía miedo alguno y estaba llena de fe; los vendedores de drogas pensaban que era lo más maravilloso en la zona. A pesar de que los enfrentó, ella lo hizo con amor y ellos sabían que, si realmente querían enderezar su vida, ella los ayudaría.

COMO UN CAMPEÓN—¡NO COMO UN DEBILUCHO!

Por supuesto, si quieres operar en esa clase de autoridad espiritual, manteniendo tu pie sobre el pescuezo del diablo en tu familia, barrio, ciudad o nación, no puedes actuar como un debilucho. No puedes ir por todos lados lloriqueando, asustado de que alguien se aprovechará de ti. Como esa mujer en Los Ángeles, tienes que levantarte y vivir como un campeón de la fe. ¿Cómo lo haces? Sacas tu Biblia y buscas escrituras que cubran tu situación. Después, las usas para pelear contra el diablo en cada movida, tal como Jesús lo hizo cuando provocó que el diablo retrocediera en el monte de la tentación con dos palabras poderosas contra las que no tiene defensa alguna. Jesús dijo: "Escrito está" (Lee Mateo 4:1-11; Lucas 4:1-14).

Cuando el diablo trate de traer discordia y división a tu familia, tu barrio, tu ciudad o tu país, recuerda lo que Efesios 6:12 menciona: «La batalla que libramos no es contra gente de carne y hueso, sino contra principados y potestades, contra los que gobiernan las tinieblas de este mundo, ¡contra huestes espirituales de maldad en las regiones celestes!» Así que en vez de enojarte con la gente que el diablo ha estado usando para molestarte, encuentra las escrituras y úsalas para edificar tu fe en esa área. Piensa en ellas. Decláralas. Escríbelas y ponlas en todas partes. Llena tu casa a tal punto con ellas, que cuando alguien llegue, pueda ver esas escrituras en tu puerta. Después haz lo que Isaías 51:1-2 dice. Mira a Abrahán, el padre de tu fe, y sigue su ejemplo:

«Como está escrito: «Te he puesto por padre de muchas naciones.» Y lo es delante de Dios, a quien creyó, el cual da vida a los muertos, y llama las cosas que no existen, como si existieran. Contra toda esperanza, Abrahán creyó para llegar a ser padre de muchas naciones, conforme a lo que se le había dicho: «Así será tu descendencia.» Además, su fe no flaqueó al considerar su cuerpo, que estaba ya como muerto (pues ya tenía casi cien años), o la esterilidad de la matriz de Sara. Tampoco dudó, por incredulidad, de la promesa de Dios, sino que se fortaleció en la fe y dio gloria a Dios, plenamente convencido de que Dios era también poderoso para hacer todo lo que había prometido» (Romanos 4:17-21).

¿Qué dicen esos versículos que Abrahán estaba haciendo? Él estaba usando su fe como un hombre habilidoso utiliza sus herramientas—con propósito. Cada vez que el diablo llamó la atención de Abrahán respecto a sus circunstancias naturales, Abrahán lo golpeó con fe. Cada vez que el diablo le señaló lo imposible que era que la promesa de Dios se cumpliera, él «se fortaleció en la fe y dio gloria a Dios, plenamente convencido de que Dios era también poderoso para hacer todo lo que había prometido».

No te estoy sugiriendo que esta clase de fe vendrá fácilmente. No puedes hacerlo si te mantienes con una mentalidad de huérfano y pensando como un debilucho. Debes desarrollar músculos espirituales permaneciendo en la PALABRA y manteniéndote fuerte cada vez que el diablo te rete. Debes hacer lo que Efesios 6 dice:

> «Por lo demás, hermanos míos, manténganse firmes en el Señor y en el poder de su fuerza. Revístanse de toda la armadura de Dios, para que puedan hacer frente a las asechanzas del diablo. Por lo tanto, echen mano de toda la armadura de Dios para que, cuando llegue el día malo, puedan resistir hasta el fin y permanecer firmes. Por tanto, manténganse firmes y fajados con el cinturón de la verdad, revestidos

con la coraza de justicia, y con los pies calzados con la disposición de predicar el evangelio de la paz. Además de todo esto, protéjanse con el escudo de la fe, para que puedan apagar todas las flechas incendiarias del maligno. Cúbranse con el casco de la salvación, y esgriman la espada del Espíritu, que es la palabra de Dios. Oren en todo tiempo con toda oración ...» (versículos 10-11, 13-18).

Si sigues esas instrucciones, cuando una persona llena de temor venga y trate de destruir tu jardín, podrás perdonarlo y amarlo o amarla, mientras al mismo tiempo esgrimes tu espada de la PALABRA en la dirección del diablo hasta que salga corriendo.

Él *lo hará* porque para él, tú no luces de la misma manera que tú realmente crees que luces. Cuando te pones tu armadura de guerra de Efesios 6, absolutamente lo aterrorizas; después de todo ¡es la armadura completa de *Dios!* Cuando te revistes con la coraza de la justicia, tomas tu escudo de la fe y te calzas el casco de la salvación con la máscara en tu rostro, lo único que él ve viniendo en su contra es la armadura de Dios. Él no sabe quién la tiene puesta. Él no sabe que tú todavía estás creciendo y que todavía no te que queda completamente a medida. Para él tú luces como más que un vencedor. Así que todo lo que necesitas hacer es actuar como uno. Mientras te mantengas declarando la PALABRA y no digas nada tonto como: "espero que esto funcione, porque de lo contrario soy hombre muerto", el diablo saldrá corriendo de la misma manera en la que saldría corriendo si enfrentara al mismo Jesús. ¿Cómo puedo estar tan seguro? Santiago 4:7 dice: «Por lo tanto, sométanse a Dios; opongan resistencia al diablo, y él huirá de ustedes».

Manténte estudiando la Biblia hasta que tu confianza en lo que Dios dice al respecto crezca y te fortalezcas en el conocimiento de la autoridad que Dios te ha dado en Él. Dios te ve como un campeón. Saca tus CDS y DVDs de fe y comienza a sumergirte en la PALABRA hasta que tu fe sea sólida como la roca, estés libre de temor y puedas pararte en contra del diablo con tanta valentía como el Reverendo Wade Watts lo hizo.

CUANDO LA ASOCIACIÓN PARA EL AVANCE DE LA GENTE DE COLOR SE REUNIÓ CON EL KU KLUS KLAN

¿Quién era el Reverendo Wade Watts?

Él es un ejemplo maravilloso de lo que llamamos un campeón de la fe. En 1980 se encontró con un hombre llamado Johnny Lee Clary. Su maravillosa historia fue narrada en una de nuestras revistas, *La Voz de Victoria del Creyente.*

Los dos hombres se conocieron en los años 80 cuando el Reverendo Watts era el presidente de la Asociación Nacional para el Avance de la Gente de Color (N.A.A.C.P. por sus siglas en inglés) en Oklahoma, y Johnny Lee era el gran dragón del Ku Klus Klan (K.K.K.) en ese estado. Su primer encuentro fue en una estación de radio de la Ciudad de Oklahoma donde ambos fueron invitados a debatir sobre asuntos raciales. Ésta era una situación potencialmente divisoria y explosiva; aún así, Johnny Lee dice que desde el comienzo el Rev. Watts fue la imagen de la bondad. Se presentó dándole la mano y diciéndole: "Hola Sr. Clary, quiero decirle que lo amo y que Jesús también lo ama".

Fuera de guardia, Johnny le estrechó la mano... para luego retirarla con rapidez visiblemente perturbado por haber tocado piel negra. "No te preocupes hijo", le dijo el Reverendo Watts con una gran sonrisa. "No se pega".

A pesar de que Johnny Lee estaba sorprendido por el sentido del humor y la gentileza, no permitió que eso se dejara relucir durante el debate. Exponiendo su racismo con venganza, esgrimió que la Biblia ordena que la gente blanca no se mezcle con la gente negra. Citó un estudio que supuestamente "demostraba" que los niños negros eran menos inteligentes que los niños blancos. Distorsionó hechos históricos y discutió en contra del derecho constitucional de igualdad para todas las razas.

Durante la totalidad de la entrevista, el Reverendo Watts mantuvo su compostura, refutó cada argumento con bondad y con la verdad bíblica, hasta que finalmente Johnny explotó con furia. "¡No me quedaré aquí para escuchar esto!", exclamó y salió furioso de la habitación.

Más adelante, mientras Johnny Lee estaba a punto de salir del edificio, observó al Rev. Watts alzando a una pequeña niña. Al hacerlo, el Reverendo le dijo a Johnny Lee: "Los padres de esta bebé eran adolescentes; su mamá es blanca y su papá es negro. La familia del joven dijo que no quiere a una bebé blanca en su hogar y la familia de la joven dice que no quiere una bebé negra en su hogar. Así que la adopté. *Tia* ahora es mi bebé. Ahora dime: *¿Cómo puedes odiarla?*"

Johnny Lee se quedó sin palabras por un momento, mirando la carita hermosa de *Tia*. Después se dio la vuelta apretando la mandíbula mientras las palabras del Rev. Watts resonaban en sus oídos. "Johnny Lee, no puedes hacer nada para que te odie", le dijo. "Oraré por ti, te guste o no te guste".

Desde ese día, Johnny Lee Clary y los hombres del K.K.K. persiguieron y amenazaron al Reverendo Watts. Durante 10 años molestaron a su familia con llamadas llenas de odio y notas que decían "El K.K.K. te está observando". Cuando el Reverendo Watts se unió con un senador de Oklahoma para hacer que las llamadas racistas del K.K.K. fueran ilegales, el grupo decidió cumplir con sus amenazas. Johnny fue elegido para llamar al Reverendo Watts para darle una advertencia. "Sabemos que estás detrás de todo esto", le dijo. "Vamos a buscarte y vamos a darte una golpiza".

"¡Hola, Johnny Lee! ¿Cómo está tu familia?"

"¡Te dije que iremos a buscarte!"

"No tienes que venir a buscarme, me encontraré contigo. ¿Qué tal en el restaurante *Pete's* en la autopista 270?"

"Uhhh…"

"Johnny Lee, ellos venden la mejor comida que alguna vez hayas probado—un pastel de manzana que te hará rogar por más. Té helado en jarras. Lo puedo saborear ahora mismo".

"Escuchaste lo que te dije", le demandó Johnny Lee. "¡Vamos a darte una golpiza!"

"Asegúrate de traer a todos tus amigos…"

"¡Te dije que vamos a darte una golpiza!"

"Ya lo escuché y está bien. Pero primero, quiero invitarlos a todos a comer. ¿Te mencioné acerca de sus papas?"

Johnny Lee colgó. "¿Qué dijo?", le preguntaron los otros miembros del grupo.

"Habló de comida casera, pastel de manzana y té helado. Dijo que quiere invitarnos a comer".

"Ese viejo está totalmente loco", dijo uno de ellos. "Dejémoslo en paz".

Y así lo hicieron.

Para algunos hombres del K.K.K., ese fue el final de la historia.

Sin embargo, no para Johnny Lee. Unos años después, llamó al Reverendo Watts nuevamente y le dijo algo muy distinto.

"Hola, Johnny Lee", le respondió el Reverendo Watts cordialmente cuando reconoció su voz en el teléfono.

"Reverendo Watts, quería que supiera que renuncié al K.K.K. en 1989; le entregué mi corazón a Jesús, y soy miembro de una iglesia interracial. Mi mente ha sido renovada y Dios me ha llamado a predicar".

"Alabado sea el SEÑOR, hijo", le dijo el Reverendo Watts. "¿Me darías el honor de predicar en mi iglesia?"

Johnny Lee estaba sorprendido, lleno de lágrimas. "Me gustaría muchísimo hacerlo".

Cuándo Johnny Lee llegó a predicar en la iglesia del Reverendo Watts, habían cámaras y reporteros por todos lados. Una vez que entró, Johnny Lee Clary subió al podio y miró al mar de caras negras. Lo que alguna vez sintió fue sustituido con un amor tan grande y poderoso, que le flaquearon las rodillas. Recordando cómo el K.K.K. había profesado acerca de ser una familia y la unidad de la raza blanca, se dio cuenta de que la unidad jamás podrá conseguirse a través del miedo. La unidad real sólo es posible a través del amor y la inquebrantable fe en Dios y Su PALABRA.

Johnny derramó su corazón entero en su mensaje esa mañana. Cuando terminó, muchas personas respondieron y recibieron a Jesús como su SEÑOR. Entre ellos estaba *Tia* y tres más de los hijos del Reverendo Watts—los únicos miembros de su familia que todavía no habían nacido de nuevo. Mientras se abrazaban para celebrar, Johnny Lee Clary y el Reverendo Watts sabían que el amor que ambos sentían el uno por el otro sería por siempre y sería uno de sus tesoros más grandes. Un lazo irrompible de hermandad que se había forjado en el fuego de una fe lo suficientemente poderosa como para ofrecerle a su prójimo la otra mejilla.

Capítulo 10

UNA SINFONÍA SOBRENATURAL

*«Si dos de ustedes se ponen de acuerdo
en la Tierra (armonizan juntos, hacen
una sinfonía juntos) cualquier cosa [todo]
lo que pidan, sucederá y les será hecho
por Mi Padre en el cielo»*

*Mateo 18:19,
La Biblia Amplificada, Edición Clásica*

Cuando piensas en lo que sucedió entre el Reverendo Wade Watts y Johnny Lee Clary, es fácil ver por qué el espíritu de división trabaja horas extra para mantener a los creyentes atados con el temor. Cuando no tenemos temor alguno, nos convertimos en la peor pesadilla del diablo, porque su arma más poderosa es el miedo. No solamente nos situamos en un lugar donde él ya no puede tocarnos, sino que nos levantamos con valentía y operamos como Jesús lo hizo. Vamos haciendo el bien y destruyendo las obras del diablo.

Muchas personas piensan que tener un poco de miedo es saludable, pero no es así. La Biblia nos dice 110 veces que *no temamos*. Dios nos dice que nos deshagamos completamente del miedo. Él no quiere que tan solo *manejemos* el miedo, lo controlemos o lo escondamos. Él quiere que seamos completamente libres de él. Cada vez que asome su cabeza horripilante en nuestra vida, quiere que lo rechacemos y declaremos: "¡No temeré!"

La razón por la que el SEÑOR es tan exigente con este tema es porque el temor nos conecta con el diablo, quien tan sólo quiere robarnos y destruirnos (Juan 10:10). El temor también hace que empecemos a pensar nuevamente como huérfanos espirituales. Nos hace olvidar de quién es nuestro padre celestial, "el Padre de las luces" (Santiago 1:17) y comenzamos a actuar como si tuviéramos que pelear por nosotros mismos nuestra salida de la oscuridad de este mundo.

El temor nos pone en la posición espiritual en la que Gloria se encontró particularmente una noche hace algunos años. Ella estaba haciendo cosas alrededor de la casa, cuando de repente, todas las luces se apagaron. Ella caminó en la oscuridad y buscó una linterna que guardaba en el cuarto de almacenamiento. Una vez la encendió, empezó a mirar todas las cosas que estaban allí guardadas y descubrió un álbum viejo.

Sentándose en el piso con la linterna a su lado, decidió mirar fotos. Cuando finalmente observó su reloj, se dio cuenta de que era hora de ir a la iglesia, así que tomó la lámpara y se fue hacia la habitación para alistarse. Mientras caminaba por la casa con la linterna en lo alto, repentinamente empezó a reírse. Aparentemente, mientras había estado entretenida mirando el álbum de fotos, la luz había regresado. ¡Todas las luces de la casa estaban encendidas y ella todavía continuaba cargando la linterna!

Cuando más adelante me contó del incidente, me señaló que como creyentes algunas veces cometemos el mismo error. Vamos a través de la vida a nuestra manera a pesar de que la luz de Dios está brillando a nuestro alrededor. No nos damos cuenta del hecho de que Él está allí para proveernos, protegernos, y nosotros peleamos y nos quejamos tratando de defendernos nosotros mismos. Vivimos llenos de temor acerca de lo que pueda sucedernos—todo porque no estamos caminando con la revelación del amor de nuestro Padre por nosotros.

COMIENZA CON LA FE, NO CON LOS SENTIMIENTOS

¡La revelación del amor de Dios es el antídoto final en contra de los efectos causados por el temor, la contienda y la división! De acuerdo con 1 Juan 4:18: «En el amor no hay temor, sino que el perfecto amor echa fuera el temor... ¡El amor le cierra la puerta al temor y expulsa todo rastro de Terror!» *(RVC, La Biblia Amplificada, Edición Clásica).*

La mayoría de las personas tiene problemas para sentir que Dios los ama porque los sentimientos no son donde la revelación realmente comienza. Empieza con la fe. Y la fe viene por el oír la PALABRA de Dios (Romanos 10:17). Creerás que Dios te ama de la misma manera en que puedes creer cualquier otra verdad escritural—yendo a la PALABRA y recibiéndola por fe. Encuentras lo que la Biblia dice acerca del amor de Dios por ti y escoges recibirlo como una verdad.

Casi seis años después de haber nacido de nuevo, estaba estudiando mi Biblia en el cuarto trasero de nuestra casita pequeña y destartalada en Oklahoma. Leí la oración que Jesús hizo por sus discípulos en Juan 17:20-23. A pesar de que la había leído antes muchas veces, repentinamente las palabras saltaron delante mío de una manera reveladora:

> «Pero no ruego solamente por éstos, sino también por los que han de creer en mí por la palabra de ellos, para que todos sean uno; como tú, oh Padre, en mí, y yo en ti, que también ellos sean uno en nosotros; para que el mundo crea que tú me enviaste. Yo les he dado la gloria que me diste, para que sean uno, así como nosotros somos uno. Yo en ellos, y tú en mí, para que sean perfectos en unidad, para que el mundo crea que tú me enviaste, y que los has amado a ellos como también a mí me has amado».

Por un momento, difícilmente podía creer lo que estaba leyendo. ¿Podría ser cierto que Dios me amara a mí y a todos los creyentes de la misma manera que ama a Jesús? Lo volví a leer. Sí, claramente eso es lo que Jesús dijo.

Darme cuenta de eso impactó mi corazón con tanta fuerza que salté. "¡Sí lo creo!, lo recibo!", exclamé. "¡Ahora mismo confieso como una verdad que Dios me ama tanto como Él ama a Jesús!"

Casi al instante, mi antiguo pensamiento religioso me golpeó y pensé: *¿Quién piensas que eres para pararte delante del Dios Todopoderoso y decir que Dios te ama tanto como Él ama a Jesús?*

Si me hubiera puesto de acuerdo con esos pensamientos, me habrían robado la revelación del amor de Dios por mí, antes de que me apropiara de ella. Me habrían detenido para creer en Su amor. Y como la fe obra por el amor, mi vida de fe habría quedada inválida. Me habría quedado en esa casa destruida, tratando y fallando en avanzar por el resto de mi vida.

Sin embargo, no permití que eso sucediera. Al contrario, creí lo que la Biblia dice, decidí que porque Jesús dijo esas palabras en Juan, *tenían* que ser verdad, así que con seguridad podía ponerme de acuerdo con ellas y declararlas en voz alta. Con valentía declaré nuevamente: "Padre, ¡Tu PALABRA dice que me amas tanto como amas a Jesús! Sé que lo haces porque Jesús lo dijo". Mis rodillas temblaban un poco, pero me mantuve haciéndolo hasta que pude hacerlo con la valentía necesaria. Daba unos pocos pasos, hacía mi declaración y después, debido a que la habitación era pequeña, la recorría lado a lado, una y otra vez. "Alabado sea el SEÑOR, ¡lo creo! Lo recibo de la misma manera que recibí mi salvación—por fe. Lo confieso delante de Dios: ¡Mi Padre celestial me ama tanto como ama a Jesús!"

Tampoco me detuve cuando salí de ese pequeño cuarto. Continué declarándolo. Cuando me subía a mi auto decía: "SEÑOR, voy a manejar este auto hoy sabiendo que me amas tanto como amas a Jesús. Voy a vivir este día sabiendo que me amas, y que vas conmigo a donde quiera que voy".

Después de unos pocos días, el Espíritu Santo me habló otra vez: *¿Por qué no vas y lees el resto del capítulo?*

No me había dado cuenta, hasta ese momento, de que había estado tan emocionado con lo que había encontrado en el versículo 23, que no había visto lo que Jesús dijo a continuación. Así que abrí mi Biblia y leí la última parte de Su oración:

«Padre justo, el mundo no te ha conocido, pero yo te he conocido, y éstos han reconocido que tú me enviaste. Y les he dado a conocer tu nombre, y aún lo daré a conocer, para que el amor con que me has amado esté en ellos, y yo en ellos» (Versículos 25-26).

"SEÑOR, me parece que estos versículos tan solo están repitiendo nuevamente lo mismo", le dije. "Me dicen que me amas como amas a Jesús".

Los leí otra vez. Ciertamente cuando los leí nuevamente, vi lo que el SEÑOR estaba tratando de mostrarme. "¡Gloria a Dios!", exclamé. "¡Jesús dijo que el amor con el que Dios me ama *está en mi interior!* Eso significa que el mismo amor que creó este universo—la compasión de Dios—vive en mi interior, dándome el poder de amar como Él ama. ¡Eso significa que puedo amar a mi familia, mis vecinos, mi iglesia y a todo el mundo con el amor de Dios!"

Con el transcurrir de los años, desde que recibí esas dos revelaciones, he descubierto cuán poderoso es verdaderamente el amor de Dios. He encontrado que, mientras crea en Su amor por mí y extienda ese amor a los demás, el temor no puede controlarme. El amor de Dios por mí, en mí y obrando a través de mí, hace que el temor sea completamente innecesario. Así que puedo hacer lo que Gloria hizo con la linterna esa noche cuando se dio cuenta de que la electricidad había regresado. ¡Puedo sacar corriendo el miedo y caminar en la luz de Dios!

NO ES UNA SUGERENCIA, ES UN MANDAMIENTO

Una de las mejores descripciones escriturales de cómo todo esto funciona la encontramos en 1 Juan 4:16-21:

«Y nosotros hemos conocido y creído el amor que Dios tiene para con nosotros. Dios es amor; y el que permanece en amor, permanece en Dios, y Dios en él. En esto se perfecciona el amor en nosotros: para que tengamos confianza en el día del juicio, pues como él es, así somos nosotros en este mundo. En el amor no hay temor, sino que el perfecto amor echa fuera el temor, porque el temor lleva en sí castigo. Por lo tanto, el que teme, no ha sido perfeccionado en el amor. Nosotros lo amamos a él, porque él nos amó primero. Si alguno dice: «Yo amo a Dios», pero odia a su hermano, es un mentiroso. Pues el que no ama a su hermano a quien ha visto, ¿cómo puede amar a Dios, a quien no ha visto? Nosotros recibimos de él este mandamiento: El que ama a Dios, ame también a su hermano».

Nota que este pasaje es muy claro acerca de la responsabilidad que los creyentes tienen de amarse los unos a los otros. No dice que Dios lo sugiere. No dice que lo *recomienda*. Dice que amar a nuestro hermano es un *mandamiento*.

Especialmente dice que mantener este mandamiento de amar *no* es difícil o "molesto (pesado, opresivo, o doloroso)" (1 Juan 5:3, *La Biblia amplificada, Edición Clásica*). Lo sería si tuviéramos que hacerlo con nuestras propias fuerzas y emociones, pero no es así como se debe hacer. Cumplimos el mandamiento de Dios de amar a los demás de la misma manera que recibimos Su amor por nosotros—por fe. Lo hacemos tomando nuestra posición en la PALABRA y rehusándonos a movernos por los sentimientos contrarios.

Personalmente, yo lo hago a primera hora en la mañana. Antes de salir de la casa, me preparo para cumplir el mandamiento del amor diciéndole a Jesús que lo amo, agradeciéndole por amarme y reconociendo que Su amor está en mí, dándome el poder de amar a los demás. Comienzo mi día diciendo algo como esto:

> El amor de Dios ha sido derramado sobre mi corazón por el Espíritu Santo (Romanos 5:5). Puedo amar a las personas más difíciles, en el Nombre de Jesús. Porque el amor de Dios está en mí y Su amor es paciente y bondadoso, yo soy paciente y bondadoso. No soy arrogante. No envidio a nadie. No me exalto a mí mismo y pongo a los demás por debajo. No me comporto de maneras impropias. No soy egoísta y no me ofendo fácilmente. No pienso mal de nadie. No me regocijo en la iniquidad, sino en la verdad. El amor de Dios por *mí* y *en* mí me capacita para soportarlo todo, creerlo todo, y a esperar todas las cosas. Ya que el amor de Dios nunca falla, mi amor nunca falla (1 Corintios 13:4-8).

Créeme cuando te digo que es mejor no esperar a hacer esas declaraciones hasta que la mitad del día ya haya pasado.

La contienda y la división pueden colarse aún antes de que te des cuenta. Así que es mejor comprometerse a caminar en amor y ser una BENDICIÓN para *cada persona* que te encuentres antes de que tu día comience. Decide ser en cada situación un dador y no un mezquino.

Así es como Jesús es. Él da en los momentos buenos y en los malos. Dar es un estilo de vida. Él está comprometido todo el tiempo a prosperar a todas las personas a Su alrededor. Ahora, eso suena fácil si planeas hacerlo en cosas grandes, pero, hacerlo en los eventos pequeños de la vida ordinaria puede ser un asunto distinto.

Piensa en los meseros del restaurante donde vas a almorzar, o en las personas cuyo trabajo es limpiar los baños o los cajeros en el supermercado, o inclusive el hombre que se te atraviesa en el tráfico. La manera en la que actúas con esas personas es importante para Dios.

¿Te enojas y dices cosas poco amables al hombre en el tráfico? ¿Usas 5 o 6 toallitas para secarte las manos en el baño—aún cuando sólo necesitas una—y después las arrojas sin cuidado a la basura y caen por fuera? ¿Te enojas con la mesera en el restaurante porque se le olvidó que no ordenaste salsa en tus papas? Si estás caminando en amor, no actuarás como si el tiempo y el esfuerzo de la gente no importara. Orarás por esa persona que se te atravesó en el tráfico, pondrás esas toallas adicionales en el baño, recogerás las toallas que cayeron fuera de la basura y limpiarás el agua que dejaste en el mesón. En vez de irritarte con la mesera, la tratarás con bondad y la bendecirás, aún si su actitud no ha sido la mejor. ¿Por qué? Porque Jesús dijo; "Si lo has hecho por ella, lo has hecho por Mí".

¡NO CRITIQUES LOS PIES SUCIOS DE UN HOMBRE HASTA QUE ESTÉS LISTO PARA LAVÁRSELOS!

Mientras más desarrollas esta mentalidad y practicas obedecer el mandamiento del amor, mientras más se hace parte de tu estilo de vida caminar en amor, llegará el momento en el que, si empiezas a decir o hacer algo poco amoroso, el Espíritu de Dios te corregirá. Te hablará y te prevendrá de reaccionar con alguien de una manera que te arrepentirás.

Recuerdo una vez cuando lo hizo en los comienzos de mi ministerio. Estaba predicando en una iglesia en Fort Worth, Texas, y era el momento previo al servicio matutino. Mientras salía del estudio del pastor caminando hacia el auditorio, las puertas principales se abrieron y entró un grupo de adolescentes sin zapatos y sucios. Eran 13 y eran los clásicos *hippies* de los "60". Obviamente no habían usado jabón ni agua en mucho tiempo, así que olían muy mal.

En el momento que los vi (y percibí su olor) algo en mi interior retrocedió. Pensé: *¿En qué lugar se sentarán esos muchachos?* Después del pensamiento vino la voz del Espíritu Santo. Me habló tan fuerte que sentí el impacto en cada célula de mi cuerpo.

"¡No critiques los pies sucios de un hombre hasta que estés listo para lavárselos!"

Esas palabras me golpearon con tal fuerza que prácticamente me doblaron. Sentí como si alguien hubiera clavado una varilla caliente en mi corazón y el calor recorriera todo mi cuerpo. Quemó mi hombre interior.

Salí al auditorio mientras los jóvenes caminaban detrás mío; podía escuchar los murmullos de la congregación. Una mujer dijo en voz alta lo que yo había pensado antes: "¿Por Dios, dónde van a sentarse?" Me di cuenta de que ella no había escuchado lo que yo acababa de escuchar, así que fui a la plataforma, interrumpí la canción y repetí lo que Dios me había dicho.

Sus palabras impactaron a la congregación de la misma manera que a mí. Encendieron los corazones de las personas con el fuego del amor de Dios. Fue un momento que transformó a esa iglesia para siempre. En el momento de terminar el servicio, cuando todo el mundo se levantó para irse, un hombre exclamó: "¿Podrían todos esperar un momento? Creo que antes de irnos, deberíamos recoger una ofrenda y comprar comida para estos jóvenes. Me parece que están hambrientos. También, quiero que ellos sepan que, si les gustaría darse un baño con agua caliente o necesitan una cama para pasar la noche, pueden venir a mi casa. Si les queda buena, pueden usar mi ropa, se las regalo".

El resto de la congregación estuvo de acuerdo y dijeron: "Sí, es verdad. Yo ofrezco lo mismo". Los hombres empezaron a meterse la mano a sus bolsillos para buscar dinero para la comida. Los jóvenes *hippies* respondieron, y todos fueron a una de las tantas casas. Esa noche, volvieron al servicio vespertino. Mientras predicaba, uno de ellos me interrumpió. "No puedo esperar más", dijo. "Tengo que decirle que ahora Jesús es mi SEÑOR". Al momento de finalizado el evento, cada uno de esos chicos había nacido de nuevo. ¡Se unieron a la iglesia y ocho de ellos eventualmente entraron en el ministerio de tiempo completo!

¿Cómo sucedió? Cuando el espíritu de división hizo su plan esa mañana, ¡perdió! Cuando trató de crear odio y separación al magnificar las diferencias entre esos jóvenes y los miembros de la iglesia, la iglesia lo rechazó. Lo sacaron a patadas y escogieron caminar en amor. Permitieron que el Espíritu Santo tomara el control; sustituyeron la división con la reconciliación y esos chicos fueron alimentados, liberados de las drogas y sus vidas se transformaron para siempre.

¡A eso le llamo yo una iglesia que se levanta y actúa como la Iglesia! Esa es una imagen excelente. Es lo que 2 Corintios 5:18 está describiéndonos cuando dice: «Y todo esto proviene de Dios, quien nos reconcilió consigo mismo a través de Cristo y nos dio el ministerio de la reconciliación».

La reconciliación, —y no la división—, es lo que como creyentes estamos comisionados a llevar. Justo en medio de un mundo que ha sido destruido por el odio, nosotros estamos llamados a llevar el amor. Estamos comisionados a hacer las obras de Jesús, decirles a las personas que Él los ama, que los perdona y que quiere que sean parte de Su familia.

Como esa iglesia en Fort Worth descubrió esa mañana, la forma más efectiva de cumplir con esa comisión es hacerlo juntos. Por esa razón el diablo ha tratado con todas sus fuerzas de mantenernos separados. Cuando nos unimos, el mundo ve a Jesús en nosotros. Cuando trabajamos y oramos juntos en unidad, operamos en la clase de poder que Jesús nos describió en Mateo 18:18-19, cuando dijo: «De cierto les digo que todo lo que aten en la tierra, será atado en el cielo; y todo lo que desaten en la tierra, será desatado en el cielo. Una vez más les digo, que si en este mundo dos de ustedes se *ponen de acuerdo* en lo que piden, mi Padre, que está en los cielos, se lo concederá».

Las palabras *poner de acuerdo* significan "hacer sinfonía juntos". Se refieren a la armonía entre personas, como los instrumentos en una orquesta. Una orquesta incluye muchos instrumentos distintos. Tiene un piano, pero una orquesta es mucho más que un piano. Tiene una sección de trompetas, pero también tiene una sección de cuerdas. Cuando tocan en armonía el uno con el otro, producen un sonido que no podrías conseguir con ninguno de estos instrumentos tocando por sí solos. Éstos producen una sinfonía.

Lo mismo puede ser cierto espiritualmente en el Cuerpo de Cristo. Cada uno de nosotros es distinto, y aún así somos uno en el espíritu. No tenemos que *tratar* de ser uno. Jesús ya nos ha hecho uno a través de lo que hizo en la cruz. Todo lo que necesitamos hacer es reunirnos en armonía el uno con el otro. Cuando lo hacemos, el poder que producimos es más grande que la suma de nuestras partes individuales. Es tan fuerte que los milagros ocurrirán, de ser necesario, para que se lleve a cabo lo que en acuerdo hemos puesto en oración (Mateo 18:19).

Si estás listo para esa clase de poder milagroso en tu vida, ahora mismo declara en voz alta: "Espíritu de división, te estoy avisado, en el Nombre de Jesús: mi casa, mi iglesia, mi barrio, mi ciudad están fuera de tu alcance. No me engañarás más. Desde este momento en adelante, no me moveré por las diferencias que tenga con las demás personas. Seré movido por el Espíritu de Dios. Mi ministerio es el ministerio de la reconciliación. Camino en amor porque Dios es amor. Ya sea que alguien más me ame o no, no es mi problema. Voy a amarlos porque eso es lo que Tú me dices que haga. Ese es mi trabajo ¡y voy a hacerlo!"

Ahora alístate para un nuevo día; un nuevo poder. Divididos caeremos. Pero una vez que nos unamos—¡todo el cielo será liberado!

Oración para recibir salvación y el bautismo del Espíritu Santo

Padre celestial, vengo a Ti en el nombre de Jesús. Tu Palabra dice: «Y todo el que invoque el nombre del Señor será salvo» (Hechos 2:21). Estoy invocándote. Oro y te pido Jesús, que vengas a mi corazón y seas el Señor de mi vida de acuerdo con Romanos 10:9–10: «Si confiesas con tu boca que Jesús es el Señor, y crees en tu corazón que Dios lo levantó de los muertos, serás salvo. Porque con el corazón se cree para alcanzar la justicia, pero con la boca se confiesa para alcanzar la salvación». Yo confieso ahora que Jesús es el Señor, y creo en mi corazón que Dios le resucitó de entre los muertos. Me arrepiento del pecado. Renuncio al pecado. Renuncio a al diablo y a todo lo que él representa. Jesús es mi SEÑOR.

¡Ahora he nacido de nuevo! ¡Soy cristiano, hijo del Dios todopoderoso! ¡Soy salvo! Señor, también dices en Tu Palabra: «Pues si ustedes, que son malos, saben dar cosas buenas a sus hijos, ¿cuánto más el Padre celestial dará el Espíritu Santo a quienes se lo pidan?» (Lucas 11:13). Entonces, te pido que me llenes con Tu Espíritu. Santo Espíritu, crece dentro de mí a medida que alabo a Dios. Me mantengo a la expectativa de hablar en otras lenguas, según Tú me concedas expresar (Hechos 2:4). En el nombre de Jesús, ¡Amén!

Comienza a alabar a Dios en este instante por llenarte con el Espíritu Santo. Pronuncia esas palabras y sílabas que recibes; no hables en tu idioma, sino en el lenguaje que el Espíritu Santo te esté dando. Debes usar tu propia voz, ya que Dios no te forzará a hablar. No te preocupes por cómo suena, pues ¡son lenguas celestiales!

Continúa con la bendición que Dios te ha dado, y ora en el espíritu cada día.

Ahora que eres un creyente renacido y lleno del Espíritu Santo. ¡nunca más serás el mismo!

Busca una iglesia donde se predique la Palabra de Dios con valentía y en obediencia. Busca conectarte con una iglesia que te ame y te cuide, y haz lo mismo por ellos.

Necesitamos estar conectados entre nosotros; al hacerlo aumentamos nuestra fuerza en Dios. Es el plan de Dios para la iglesia.

No dejes de sintonizar nuestro programa *La Voz de Victoria del Creyente*, disponible en varias estaciones de TV y en la internet. Vuélvete un hacedor de la Palabra. Serás bendecido al ponerla en práctica (lee Santiago 1:22–25).

Acerca del autor

Kenneth Copeland es cofundador y presidente de los Ministerios Kenneth Copeland en Fort Worth, Texas, y autor de varios libros entre los cuales se incluyen: *LA BENDICIÓN del Señor enriquece y no añade tristeza con ella*, y *Honor: viviendo en honestidad, verdad e integridad*.

Desde 1967, Kenneth ha ministrado el evangelio de Cristo y enseñado la Palabra de Dios como maestro. Adicionalmente, ha grabado discos como cantante y recibido premios por sus álbumes: *Only the Redeemed* (también nominado al premio Grammy), *In His Presence, He Is Jehovah, Just a Closer Walk* y *Big Band Gospel*. Como actor en su papel de Wichita Slim, es coprotagonista de los videos infantiles: *The Gunslinger, Covenant Rider*, y de la película: *The Treasure of Eagle Mountain*. Asimismo, personificó el papel de Daniel Lyon en los videos Commander Kellie and the Superkids:™ *Armor of Light*, y *Judgment: The Trial of Commander Kellie*. También es coprotagonista en las películas *The Rally* (estrenada en el 2009) y *The Rally 2: Rompiendo la Maldición* (estrenada en el 2016), en su papel de padrino hispano.

Con la ayuda de su equipo y oficinas en los Estados Unidos, Canadá, Inglaterra, Australia, Sudáfrica, Ucrania, Singapur, y la flamante inauguración de la oficina para Latinoamérica en Colombia, Kenneth está cumpliendo su visión de predicar con valentía la Palabra incorruptible de Dios desde la cima más alta hasta el valle más profundo, y en todos los confines de la Tierra. Su ministerio alcanza a millones de personas en el mundo por medio de programas televisivos semanales, revistas, mensajes en audio y video, convenciones y campañas, y a través de la red mundial internet.

Cuando el SEÑOR le indicó a Kenneth y Gloria Copeland que iniciaran la revista *La voz de victoria del creyente*...

Les dijo: *Ésta es su semilla. Envíensela a todo el que responda a su ministerio, y ¡jamás permitan que alguien pague por una suscripción!*

Por casi 45 años, ha sido un gozo para los Ministerios Kenneth Copeland llevarles las buenas nuevas a los creyentes. Los lectores disfrutan las enseñanzas de ministros que escriben acerca de vidas en comunión con Dios, y testimonios de creyentes que experimentan la victoria en su vida diaria a través de la Palabra.

Hoy, la revista *LVVC* es enviada mensualmente por correo, llevando ánimo y bendición a los creyentes de todo el mundo. Incluso muchos de ellos la utilizan como una herramienta para ministrar, se la obsequian a otras personas que ¡desean conocer a Jesús y crecer en su fe!

Solicite hoy una suscripción GRATUITA para recibir la revista *La voz de victoria del creyente!*

Escríbanos a: Kenneth Copeland Ministries, Fort Worth, TX 76192-0001. También puede suscribirse llamándonos al **1-800-600-7395 (Sólo en EE. UU.)** ó +1-817-852-6000

Estamos aquí para usted!®

Su crecimiento en la PALABRA de Dios y su victoria en Jesús son el centro mismo de nuestro corazón. Y en cada área en que Dios nos ha equipado, le ayudaremos a enfrentar las circunstancias que está atravesando para que pueda ser el **victorioso vencedor** que Él planeó que usted sea.

La misión de los Ministerios Kenneth Copeland, es que todos nosotros crezcamos y avancemos juntos. Nuestra oración es que usted reciba el beneficio completo de todo lo que el SEÑOR nos ha dado para compartirle.

Dondequiera que se encuentre, puede mirar el programa *La voz de victoria del creyente* por televisión (revise su programación local) y por la Internet visitando kcm.org.

Nuestro sitio web: **kcm.org,** le brinda acceso a todos los recursos que hemos desarrollado para su victoria. Y, puede hallar información para comunicarse con nuestras oficinas internacionales en África, Australia, Canadá, Europa, Ucrania, y con nuestras oficinas centrales en Estados Unidos de América.

Cada oficina cuenta con un personal dedicado, preparado para servirle y para orar por usted. Puede comunicarse con una oficina a nivel mundial más cercana a usted para recibir asistencia, y puede llamarnos para pedir oración a nuestro número en Estados Unidos, 1-817-852-6000, ¡las 24 horas del día, todos los días de la semana!

Le animamos a que se comunique con nosotros a menudo y ¡nos permita formar parte de su andar de fe de cada día!

¡Jesús es el SEÑOR!

Kenneth y Gloria Copeland

Kenneth y Gloria Copeland